国有企业

三项制度

改革实践

GUOYOU QIYE

SANXIANG ZHIDU

GAIGE SHIJIAN

王俊冰 编著

济南出版社

图书在版编目（CIP）数据
国有企业三项制度改革实践 / 王俊冰编著 . -- 济南 : 济南出版社，2024. 9. -- ISBN 978-7-5488-6490-5
Ⅰ . F279.241
中国国家版本馆 CIP 数据核字第 2024JV5015 号

国有企业三项制度改革实践
GUOYOU QIYE SANXIANG ZHIDU GAIGE SHIJIAN
王俊冰　编著

出 版 人　谢金岭
责任编辑　张智慧　郑　敏　陈玉凤　侯建辉
装帧设计　纪宪丰

出版发行　济南出版社
地　　址　山东省济南市二环南路 1 号（250002）
总 编 室　0531-86131715
印　　刷　山东新华印务有限公司
版　　次　2024 年 9 月第 1 版
印　　次　2024 年 9 月第 1 次印刷
开　　本　170mm × 240mm　16 开
印　　张　17
字　　数　250 千字
书　　号　ISBN 978-7-5488-6490-5
定　　价　66.00 元

如有印装质量问题　请与出版社出版部联系调换
电话：0531-86131736

前 言

2020年6月30日，习近平总书记主持召开中央深改委第十四次会议，审议通过了《国企改革三年行动方案（2020—2022年）》，这是面向新发展阶段我国深化国有企业改革的纲领性文件。这个文件明确了建立现代企业制度是国有企业改革的方向。习近平总书记指出："把好干部选用起来，需要科学有效的选人用人机制。要紧密结合干部工作实际，认真总结，深入研究，不断改进，努力形成系统完备、科学规范、有效管用、简便易行的制度机制。"

改革是一项复杂的系统工程，国有企业三项制度改革亦是如此。干部人事、劳动用工、分配激励三大制度相互之间存在制约和依存关系，它们分别是企业改革这一微观系统和整个经济体制改革这一宏观系统中的一个子系统，必须按照它所属系统中各因素之间的相互关系、逻辑顺序和临界速度，协调配套地进行，在其他条件尚不具备的情况下，某一单项改革操之过急，产生的消极作用可能会大于积极作用。例如，打破"铁饭碗"的先决条件之一是政企分开。当企业还是行政机关的隶属物，当企业的财、物还掌握在"婆婆"手里，就连厂长、经理的"铁交椅"也是"婆婆"给的情况下，破"铁饭碗"只会是走过场，优化劳动组合会变成"亲化"劳动组合，使我们付出过高成本。倘若割断企业与政府之间的"脐带"联系，把企业真正推向市场，那么，在市场竞争面前，拿破仑杠杆——利益+恐惧——将发挥作用，不用上级和新闻媒介天天督促它，它也会产生破“三铁”的行动自觉。否则，它无法在竞争中生存。

国有企业改革四十五年，从改革开放之初恢复奖金、批判平均主义、打破“大锅饭”开始，到成为独立成熟的市场主体，与社会主义市场经济完全融合，效率效益显著提高，功能作用得到更好发挥，取得了历史性成就。到今天国有企业已经成为国民经济的“压舱石”，但是仍然存在诸多需要进一步完善的方面。同时企业发展的外部环境一直在变化，企业就必须通过不断改变来适应。所以，改革只有进行时，没有完成时。

体制改革是在对制度弊端有所觉察的基础上对新制度的重新选择，前进中的问题只能在前进过程中解决。从2020年开始，国务院国资委开始实施国企改革三年行动计划，其核心任务之一就是三项制度改革，目前第二个三年行动计划正在进行中。

目 录

第五章　“干部能上能下”的改革实践

第六章　“收入能高能低”的改革实践

第七章　“员工能进能出”的改革实践

第一章　国有企业三项制度改革的提出

三项制度改革是怎么提出来的？是在企业经营管理过程中被逼出来的，为的是搞活企业、激发内部活力、激发干部职工的主观能动性，说白了是为了让企业里上上下下的人能干活、愿意干活、干好活，不得不进行改革。人都有惰性，怎么让企业里的人心甘情愿地干好活呢？就要解决大家安身立命最关心的三件事：就业、保障和晋升。当年，在劳动人事管理机关看来，这三件事对应的就是劳动、工资和人事三大制度。因此，三项制度改革最早叫“三大制度”改革。

社会主义经济体制改革，是以增强企业活力为出发点的。无论是国营企业改革还是国有企业改革，出发点都是激发活力、提高效率。从早期的劳动、工资、人事三大改革，到后来的人事、劳动、薪酬三项制度改革，从始至今破解的难题也都是去除“大锅饭”“铁饭碗”的弊端，实现优胜劣汰、灵活用工、多劳多得。只有使生产关系适应或促进生产力的发展，才是真正的“搞活”。

劳动问题从根本上说解决的是一个社会问题。从政府角度看，需要广大劳动力人群有充分的就业市场，企业需要工人时有人可用，不断增长的青壮年群体有安置出口、就业门路，成为对社会有用的人。从家庭角度看，需要一份工作为家庭提供开销，分享更多资源，包括为家庭争取更高的社会地位，等等。而这些问题的矛盾焦点其实就是发展生产、搞活经济，让人的增长和企业的发展形成良性互动、良性循环。

人事问题从根本上说是培育人才的问题。邓小平同志曾经强调，要“尊重知识，尊重人才”。对政府来说，让管理、技术人才在企业中更多更快地成长，对当时百业待兴的国家来说非常重要，从长远看，也为国家发展积攒了人才力量。对企业来说，则是如何留住人才、用好人才的问题。对个人来说，就是如何更好地实现个人价值、个人发展的问题。

改革工资制度归根结底是如何贯彻按劳分配原则的问题。马克思主义认为，生产决定分配、交换和消费，但是分配、交换和消费又反作用于生产。过去的国营单位曾经长期存在平均主义，在理论上和实践中都被证明是错误的。因此，整个 20 世纪 80 年代，“挂钩”“承包”“浮动”这些词经常出现在与收入有关的表述当中，按劳分配的社会主义原则才得到坚持和贯彻。

第一节　人事制度要促进国企功能发挥

在我国，国有企业特别是国有大中型企业一直是国民经济发展的支柱，在国民经济关键和重要部门中处于支配地位，对整个经济发展起着决定性作用，对国家财政收入做出了较大贡献，为保证国民经济持续、快速、健康发展，发挥着重大作用。国有企业的发展与强大对壮大国有经济，巩固公有制的主体地位，巩固社会主义制度，推进经济发展和社会进步，搞好社会主义精神文明建设，具有无与伦比的现实意义。新中国成立伊始，我国基本照搬苏联的计划经济体制，国家对国营企业实行生产计划统一下达、资金统一拨付、产品统收统销、就业统包统揽、盈亏国家负责的方式，国营企业一方没有经营自主权。

1978 年 12 月 13 日，在党的十一届三中全会召开前，邓小平同志在中央工作会议闭幕会议上作的《解放思想，实事求是，团结一致向前看》的总结讲话，做出了把党和国家工作重心转移到经济建设上来、实行改革开放的历史性决策。全会要求“大力精简各级经济行政机构”，“要认真解决党政企不分、以党代政、以政代企的现象，实行分级分工，分人负责，加强管理机构和管理人员的权限和责任”，“要有领导地、大胆地向地方和企业下放权力，让地方和工农业企业在国家统一计划的指导下有更多的经营管理自主权”。会后，在中央精神指导下，企业在“放权让利”的基础上，进行扩大企业自主权的试点，围绕着扩大企业用人自主权，启动了国营企业人事制度改革的进程。

改革开放以来，我国围绕企业体制改革尤其是如何搞活国有大中型企业，采取了放权让利、承包制、转换企业经营机制等几次大的改革措施。1978 年 10 月，经国务院批准，四川省选择了包括重庆钢铁公司在内的不同行业具有代表性的 6 家地方国营工业企业率先进行“扩大企业自主权”试点，成为国营企业改革乃至城市经济体制改革起步的标志。1979 年 4 月，中央召开工作会议，为在全国范围内搞好国营企业改革试点，明确提出要扩大企业自主权。5 月，国家经贸委等 6 部门联合发出通知，在京、津、沪三个城市确定 8 家企业进行扩大经营管理自主权试点改革，在局部扩权试点的基础上，进而扩大试点和全面推广。这些举措，在初期取得一定成效之后，又陷入困境，没有从根本上解决搞活国有企业的问题。

为解决我国计划经济时期政企不分、以政代企的问题，中央认真总结了四川等省下放企业自主权的经验。1979 年 7 月 13 日，国务院颁发了《关于扩大国营工业企业经营管理自主权的若干规定》，肯定了扩大企业自主权的改革，并对扩权的主要内容做了规定。规定“企业在定员、定额内有权根据精简和高效的原则，按照实际需要，决定自己的机构设置，任免中层和中层以下的干部”。同时颁发的还有《关于国营企业利润留成的规定》《关于开征国营企业固定资产税的暂行规定》《关于提高国营工业企业固定资产折旧率和改进折旧费使用方法的暂行规定》《关于国营工业企业实行流动资金全额信贷的暂行规定》4 个文件。这 5 个文件是改革开放以来关于企业改革的第一批文件，改革的重点是给企业一定的生产计划、产品购销、资金运用、干部任免、职工录用等方面的自主权，在利润分配上，给企业一定比例的利润留成，打破企业是政府机关的附属物、企业吃国家“大锅饭”的体制，将企业经营好坏与企业利益、职工的收入挂钩，以调动企业和职工的积极性。

1980 年 1 月，国务院批转国家经济委员会、财政部起草的《国营工业企业利润留成试行办法》，继续完善扩权企业的利润留成办法。之后率先在首钢以及北京、天津、上海选择了 8 家企业作为扩大自主权的试点单位。随后，试点在全国逐步展开。到 1980 年 6 月底，全国试点企业已达 6000 多个。1980 年 9 月，国务院批转国家经济委员会《关于扩大企业自主权试点工作情况和今后意见的报告》，批准从 1981

年起，把扩大企业自主权的工作在国营工业企业中全面推开，使企业在人、财、物、产、供、销等方面，拥有更大的自主权。

1984年3月24日，福建国有骨干企业55位厂长的呼吁书《请给我们“松绑”》在《福建日报》全文刊发，要求给国营企业进一步放权，是国企改革的第一声呐喊。4月，国务院颁发了《国营工业企业暂行规定》，首次对企业的法人地位做出了规定；5月10日，颁布《关于进一步扩大国营工业企业自主权的暂行规定》，进一步明确扩大企业在生产经营计划以及机构设置权、干部人事权、工资奖金分配权等十个方面的自主权（俗称“扩权十条”）。

搞好国有企业，关键在于实现两个根本性转变，即经济体制从传统的计划经济体制向社会主义市场经济体制转变，经济增长方式从粗放型向集约型转变。但直至20世纪80年代，国有企业的领导制度、内部机构设置仍然是计划经济体制模式，与市场经济体制相适应的信息决策体系、营销体系、市场研究开发体系、公关策划体系尚未建立起来，企业领导干部的观念和素质不适应现代企业制度和市场经济的要求。这些都是实现两个根本性转变的主要制约因素，必须加以改革。

由于国家对国有企业监督制约机制的不完善，权力高度集中，个别企业厂长（经理）政治和经营管理素质太差，权力过大，企业往往处于人治状态，个人说了算。这样，国有资产的保值增值只能寄希望于厂长（经理）个人的责任感、能力和素质，而这些个人因素往往缺乏确定性，再加上分配上的弊端，盈亏不能自负，国有资产的保值增值仍然无法落到实处。

企业界对国有大中型企业领导干部管理制度和企业内部干部管理制度进行改革的呼声越来越高，改革的愿望主要涉及：从企业生产经营管理的实际需要出发，改革国有大中型企业领导干部管理制度，增大干部选拔上的透明度；引入竞争机制，实行竞争上岗；动态管理国有企业高层干部、内部中层和基层管理干部；积极创造条件，培养真正意义上的职业化企业家队伍，从而真正建立起能适应社会主义市场经济运行机制和企业生产经营管理需要的精干高效的企业领导干部管理体系。

第二节　劳动用工制度应匹配市场需求

新中国成立后，国营单位逐步建立和形成了固定工制度。所谓固定工制度，即以中央集中管理为主，国家对用工实行统一招收、调配和管理，其特点是“统包统配”。计划经济时期，国营单位实行这种“统包统配”的制度，包的范围越来越宽，包的人数越来越多，且统得过多过死。不但大学、中专、技校毕业生和户口在城镇的复员、退伍军人等由国家统一“包下来”安置工作，而且城镇普通高、初中毕业生和其他需要就业者，以及城镇刑满释放人员，也都由国家“包下来”分配工作。企业所需要的职工都要由国家劳动和人事部门统一确定招收指标，企业必须依据上级批准的招工指标，在上级主管部门指定的地区招收员工，在上级规定的劳动定额内使用员工。职工退出企业，包括调动、退休、离职、辞退、开除等也都要经过政府主管部门批准，企业不得自行增减人员和辞退员工。

这种“一次分配定终身”的用工制度，虽然解决了“人人都有饭吃”的问题，对保证计划经济时期我国社会主义经济建设对劳动力的需要和稳定职工队伍起过积极作用，但是企业用工自主权被剥夺，不论职工工作能力、态度和表现如何，企业没有辞退职工的权力，需要的人不能及时进来，不需要的人也不能及时调整出去，劳动力的进入同企业经营状况呈现出不相关特征。这种情况不仅使劳动者独立流动及其相应的自主择业权基本丧失，而且也使企业无力根据生产需要把握就业水平。企业劳动者在缺少外部竞争的情况下，放松了内部劳动纪律，不少职工在企业“主人翁”角色认同中，只强调自己的就业权、收益权，忽视了应尽的责任和义务。职工进入企业，就意味着享受“终身制”。在企业内部无论进行什么样的优化劳动组合行为，都要有承受来自部分职工强大阻力的思想准备。面对着强大的组织惯性和重组的压力，经营者往往不得不以牺牲效率为代价向职工群体让步。久而久之，一些职工滋生了懒汉思想，造成了人浮于事、冗员上升，造成了严重的内部隐性失业。

1978 年，按照《中共中央关于经济体制改革的决定》精神，围绕“搞活企业”这个中心，国营企业开始实施以提高国营企业活力为目标的扩权让利改革，扩大企业自主权，其中之一就是扩大企业劳动用工自主权。

1980 年 8 月，中共中央转发全国劳动就业会议文件《进一步做好城镇劳动就业工作》，认为劳动制度上的“统包统配”是导致就业紧张的重要原因之一，提出的解决办法之一是赋予企业根据生产需要增减劳动力的自主权。

新型的企业就业制度呼之欲出，这是一种可选择、易流动、有竞争的风险型就业制度，基本特征是双向选择、纵横流动、身份可变、竞争求职。新制度的基本经济意义就在于增强了就业的流动性和压力感，当职工个人在一个企业不能愉快工作、心情受到压抑，可以另谋新职业。当职工不再适应企业就业要求或有违纪、违约行为时，无论职工本人同意与否，企业都可辞退职工。因为国有企业的所有者是国家，一个独立的职工个体，没有对国有资产的占有、使用和收益权能，聘用或辞退职工是企业的自主权。双向选择消除了有竞争无淘汰，权利与责任不对称，收益与风险不同步的制度根源，在满足职工就业偏好和企业效率选择的基础上，最大限度地发挥职工的主观能动性和创造性，实现社会劳动力资源的优化配置。

新就业制度下的劳动力流动，需要有相应的规范。纯粹的自由竞争、缺少规范的劳动力市场，会产生劳动力流动的无序状态。大中型企业人才流失的现象，在不少企业都有具体表现。劳动力流动中出现的这些问题，不是新就业制度人才流动本身的问题，而是劳动力流动规则不明确的产物。因此，仅有人才流动的愿望还不行，还要制定劳动力流动的市场规则，一方面使得人尽其才，另一方面使得社会秩序保持足够的稳定。进一步说，这就要尽快建立健全社会保障体系，缺少就业保障体系的就业制度是不完整的。企业优化劳动组合和三项制度改革，之所以没有取得预期效果，同就业保障制度滞后有着密切关系。没有社会保障体系作后盾，职工离开企业就失去了一切，不仅职工个人，职工家属的生活也没有着落。改造社会福利体系，通过社会化失业保障和退休保障制度的建立，为新制度中的职工提供“流动风险”保障，这是启动新型就业制度的必要条件。

第三节　分配制度应该发挥出激励作用

国有企业的工资制度，最早可追溯到东北人民政府1950年4月公布实行的八级工资制。1956年，国家开始工资改革，在全国范围内统一了职工的工资标准，产业工资关系和地区工资关系得到了调整和改进，各类人员的工资关系也得到了改进和调整，基本上建立了符合“按劳分配”原则的工资制度。这套制度，无论在贯彻按劳分配原则、促进生产的发展方面，还是在发展生产和提高劳动生产率的基础上逐步改善职工的生活方面，都发挥了积极的作用。但是，经历了二十多年，在改革开放大潮来临时，随着政治经济情况的发展变化，它已经越来越不适应了。

其主要弊端是：工资分配方面的“大锅饭”、平均主义，企业经营好坏一个样，职工个人干多干少一个样、干好干坏一个样，甚至出现了多劳少得、少劳多得的不合理现象；工资管理体制方面的集中过多，管得过死，造成工资同企业的生产经营成果和劳动者的劳动贡献相脱节，工资等级制度方面的某些工资差别规定得不合理，与行业特点结合不紧密；工资标准过于繁杂，全国工资标准多达四五百种，当时的统计数据显示，我国企业中平均每个工资等级的工资标准和工资额约有二三十个之多，有的多达四五十个，致使同岗位的同等级工人，不能实现同工同酬，没有建立经常性的定期升级制度。体现的本质问题是不能很好地体现“各尽所能、按劳分配”的社会主义分配原则，从而阻碍着企业和职工积极性的发挥，束缚着生产力的发展。这个问题不解决，直接关系着当时“四化”建设的速度和成败。因此，必须开始进行改革。

要使工资制度趋向合理，根本出路在于尽快改变吃“大锅饭”的现象，切实体现按劳分配原则。改革开放对企业平均主义工资制度产生了强烈的冲击波，特别是社会主义市场经济理论的提出，以按劳分配为主，多种分配形式并存的分配机制迅速成熟。一种新型的企业工资分配制度正在形成。

新的工资分配制度基本原则是兼顾公平和效率。受国有资产最终所有者委托，有关经济管理部门收取资产红利和税金之后，不再干涉企业内部的工资分配，只负责制定工资政策，并对违反政策的行为进行监督检查。在市场上，企业和职工双向选择的权力是对等的，工资分配的数量界限更多地体现市场供求原则。这个过程是企业行为和职工个人行为的结果，没有政府行为参与其间。只要这一行为不违反政策和法规，政府就只通过法律维护双方的利益，监督协约执行。企业按照市场供求关系决定职工的工资标准，使工资分配符合社会主义市场经济原则和效率要求，使工资收入也能同其他市场经济范畴一样，具有总量和结构的可调性，实现价格化，成为劳动力资源配置效率和不同类别劳动力资源稀缺性的函数。

第二章　国有企业三项制度改革的推进

国有企业三项制度改革取得的每一步进展、积累的每一条经验，都离不开各级党委政府对改革工作的推动、基层的首创精神以及广大干部职工的改革热情和创新活力。

国有企业三项制度改革的实践，北京、上海、广州、深圳以及东北、长三角、珠三角、华中、华西地区的做法具有代表性，也产生了一些共性经验。

例如：国有企业三项制度改革一定要遵循市场经济规律和企业发展规律，充分发挥市场在资源配置中的决定性作用，推动企业构建灵活高效的市场化选人用人、劳动用工和收入分配机制；一定要坚持目标引领，紧紧围绕激发活力、提高效率，聚焦人均产出等效益效率指标，引导企业对标市场先进，建设一流企业；针对管理人员下不来、员工出不去、薪酬差距拉不开等重点难点问题，精准发力、动真碰硬，以点带面推动改革等。

第一节 国家层面推进情况

在国营企业的时代，国家是要直接插手企业经营的，后来修订了宪法，“国营企业”一词正式被“国有企业”取代，但是国有企业属于全民所有的性质是不变的，是我们党和国家事业发展的重要物质基础和政治基础。国有企业改革实践证明，只有坚持党的领导，才能使国企改革走向成功，才能保证改革的正确方向，才能使改革与社会发展相协调，确保企业和社会的稳定，才能使党的执政基础在国有企业改革发展中得到巩固和加强。因此，国有企业三项制度改革推进中，党始终发挥着把方向、管大局、促落实的作用，并根据党和国家发展要求以及市场环境的变化，不断指导国有企业调整和优化内部人事、劳动、分配三项制度，促进国有资本保值增值、提高国有经济竞争力、放大国有资本功能。

一、三个时期

改革开放以前，在劳动制度方面，实行以固定工为主体的用工制度，事实上形成了无条件的“终身制”，成了“铁饭碗”。在人事制度方面，国有企业领导人员与党政干部一样，被统称为“国家干部”，其任用也完全按照党政干部任用制度来执行。一旦被确定为干部身份，除了极端情况被开除公职以外，始终都是干部，是“铁交椅”。在分配制度方面，国家直接参与企业内部分配，国有企业长期实行“八级工资制”，员工干与不干一个样、干多干少一个样，客观上形成了“铁工资”“大锅饭”。

建立灵活高效的市场化经营机制，是增强企业活力的“牛鼻子”，核心是深化企业内部三项制度改革。深化劳动、人事、分配制度三项制度改革，对于完善国有企业市场化经营机制，推动国有企业高质量发展，增强国有经济竞争力、创新力、控制力、影响力、抗风险能力，具有重要意义。回顾三项制度改革的背景及改革历程，大致可以分为三个时期。

（一）初期探索（1978 年至 1993 年）

1978 年中共十一届三中全会后，国有企业从完全计划经济模式转向自主经营、自负盈亏新模式。通过下放生产计划、产品购销、资金运用、干部任免、职工录用等权力，打破企业是政府机关附属物，吃国家“大锅饭”的体制，提高国企活力。

1979 年 4 月，中央召开工作会议，为在全国范围内搞好国营企业改革试点，明确提出要扩大企业自主权。5 月，国家经贸委、财政部、外贸部、中国人民银行、国家物资局、国家劳动局 6 个部门联合发出通知，在京、津、沪三个城市确定首都钢铁公司、北京清河毛纺厂、天津自行车厂、上海柴油机厂、上海轮机厂等 8 家企业进行扩大经营管理自主权试点改革，在局部扩权试点的基础上，进一步扩大试点和全面推广。

1981 年 10 月，中共中央、国务院颁布《关于广开门路，搞活经济，解决城镇就业问题的若干决定》，该《决定》要求逐步改革国营企业的经济体制和劳动制度，有效地提高经营管理水平和经济效果。国营企业必须坚持体制改革的方向，招工用人要坚持实行全面考核，择优录用。要实行合同工、临时工、固定工等多种形式的用工制度，逐步做到人员能进能出。在文件精神的指导下，各地开始进行劳动用工制度的改革。1982 年初，上海、南宁、安阳、安庆等十几个城市的 16 万名职工开始试行劳动合同制。劳动合同制尝试把用工合同制同经济责任制结合起来，内容是把用工期限和职工的责、权、利，用合同的形式规定下来。

随着经济体制与国企改革的逐步深化，国家在国有企业内部推行了一系列劳动人事、经营考核、收入分配、社会保险等制度改革举措，如厂长负责制、劳动合同制、岗位工资制、承包制等，逐步确立了“管理人员能上能下、员工能进能出、收入能增能减”的改革目标。

（二）持续完善（1993 年至 2013 年）

1992 年年初，以徐州国营企业改革为发端，国营企业掀起了一股以“破三铁”（“铁饭碗”“铁工资”和“铁交椅”）为标志的企业劳动、工资和人事制度的“三项制度”改革热潮。“破三铁”旨在国营企业内部打破“铁饭碗、铁工资、铁交椅”的制度，解决国企职工不能解聘、工资分配固定化、职务能升不能降的问题。在劳动用工制度改革方面，按市场化要求对企业用工进行动态管理，通过完善定员定额，以产定人，实施下岗分流、减员增效，全面推行全员劳动合同制，力图改变职工能进不能出的现状；在工资分配制度改革方面，实行按岗计酬，工效挂钩，工资收入能多能少。坚持按岗位责任、劳动成果和企业经济效益来兑现工资，拉开个人收入差距，实行浮动工资制，职工工资能高能低，建立有效的激励机制；在人事制度改革方面，打破企业职工的干部、工人的身份界限，干部不再是终身制，坚持以德、能、勤、绩、廉来全面考核和选拔领导和管理人员，推行竞聘上岗、优胜劣汰，目的是解决企业领导干部能上不能下的问题。通过“破三铁”，初步达到了提高企业生产效率的目的，国营企业呈现出空前的生机和活力。

1993 年 3 月 29 日，第八届全国人民代表大会第一次会议通过的《宪法修正案》中，将“国营经济”修改为“国有经济”。国营有国家经营的含义，而国有是国家所有，全民所有的性质没变，但是国家不再具体去经营了，国有企业拥有了更多经营自主权。

1993 年，党的十四届三中全会通过了《中共中央关于建立社会主义市场经济体制若干问题的决定》，提出建立现代企业制度是国企改革方向。通过建立现代企业制度，实施破产兼并、人员分流，实现抓大放小。这一时期，国企冗员曾一度超过用工总量的 50%，富余人员直接威胁到企业生存。

1994 年 7 月 1 日，《公司法》颁布，中国的企业终于在法律框架下步入了与国际接轨的规范化管理时期，“现代企业制度”改革新模式开始在全国风行。1994 年，国务院出台的《关于选择一批国有大中型企业进行现代企业制度试点的方案》，强调建立现代企业制度应着重解决企业法人制度，提出：取消企业管理人员国家干部身份，打破不同所有制职工之间的身份界限，建立企业与职工双向选择的用人制度。

1994 年开始的现代企业制度试点和以后的国有企业改革，都涉及企业人事制度方面的内容，有力地推动了改革的广泛深入进行。企业人事制度改革的核心是：结合建立现代企业制度和完善公司法人治理结构，全面引进竞争机制，健全企业组织领导制度和企业内部人事管理制度，扩大企业用人自主权，完善选人用人机制，加快企业家队伍、职业经理人队伍、专业技术人员队伍和高技能人才队伍建设，逐步建立符合企业特点的现代企业人事管理制度。

1996 年 4 月 16 日至 18 日，中组部、人事部在苏州联合召开全国企业人事制度改革研讨会，深入研究推进企业人事制度改革的基本思路和重要任务，要求加快企业人事制度改革步伐，促进现代企业制度建立。

1997 年 9 月，党的十五大和十五届一中全会对国有企业改革和发展提出三年两大目标的明确要求，提出要调整和完善所有制结构，探索公有制的多种实现形式，从战略上调整国有经济布局和结构，对国有经济实施战略性改组，提出要“加快推进国有企业改革”，用 3 年左右的时间，使大多数国有大中型亏损企业摆脱困境，“力争到 2000 年大多数国有大中型骨干企业初步建立现代企业制度”。会议再次强调“建立现代企业制度是国有企业改革的方向”，并提出“要按照产权清晰、权责明确、政企分开、管理科学的要求，对国有大中型企业实行规范的公司制改革，使企业成为适应市场的法人实体和竞争主体”。

2003 年 3 月 24 日，国务院成立国有资产监督管理委员会，国有企业董事会制度、干部任期制、工资总额预算管理、负责人经营业绩考核和薪酬管理制度等得到建立健全。《中华人民共和国劳动法》出台、社会保障体系的逐渐完善，共同推动了三项制度改革朝契约化、规范化、法治化方向积极迈进。

（三）新一轮改革（2013 年至今）

2013 年，党的十八届三中全会通过《中共中央关于全面深化改革若干重大问题的决定》，明确提出要深化三项制度改革。

2015 年，中共中央、国务院印发《关于深化国有企业改革的指导意见》，提出“一适应两挂钩”，即“建立健全与劳动力市场基本适应、与企业经济效益和劳动生产率挂钩的工资决定和正常增长机制”。

2016 年，国资委印发《关于进一步深化中央企业劳动用工和收入分配制度改革的指导意见》。

自 2016 年开始，国企改革向纵深发展，从“四项试点”到“十项试点”，从单项改革举措到综合性改革。央企“双百行动”、区域性国资国企综合改革、科改示范行动，着手培育具有世界一流竞争性企业，国有企业改革已经由点到面全面铺开，进入落地施工期。

国企“十项改革试点”于 2017 年全面推开，试点的目的是：发现问题和破解改革难题；进一步总结经验教训；以点带面，有序推进改革，并特别强调在推进中要做到“因企制宜，一企一策”。较之前公布的“四项改革试点”内容更加明确，范围更加宽泛，其中有超过一半的改革内容与人事制度改革有关，再次凸显出人事制度改革在国企改革中的重要性。国企改革从“顶层设计”加速向“深化施工”迈进，进入爬坡过坎的关键阶段，要在重点领域和关键环节尽快取得新的进展和突破，必须以更大的力度深化人事制度改革。

党的十九大报告对国有企业深化改革做出重大部署，为新时代国有企业深化改革提供了根本遵循。

2018 年是贯彻党的十九大精神的开局之年，适逢改革开放 40 周年，国有企业按照中央“1 + N”系列文件的各项要求，积极推进各项改革试点工作。各省、区、市国有企业按照中央要求，结合国际形势变化、本行业发展实际情况、地域环境和企业自身实际，不断深化各项改革。

2019年是国企改革的攻坚年，国资委和中央企业认真贯彻落实党中央、国务院的决策部署，深入推进各项改革措施落地执行，先后出台了《国务院国资委授权放权清单（2019年版）》“双百九条”、《中央企业混合所有制改革操作指引》等重量级文件，对于国企改革表现出强有力的支持与推动。国企改革释放更强冲击波，改革“硬核”突破从垄断领域“网运分开”加大开放，到完全竞争领域可由民企控股，政策力度超乎预期。国资委给出了重磅优惠政策，允许企业在未来3年左右的时间内有针对性地铺开包括混改、员工持股、加大放权等多领域的综合性改革，企业在股权投资、自主决策、工资总额、股权激励等方面都有了更多自主权。

随着国资国企改革政策体系逐步健全完善，中共中央、国务院以及国务院国资委多次明确要求“全面推进国企改革‘1+N’文件落地见效”。2019年11月12日，国务院国有企业改革领导小组召开第三次会议。会议提出，坚持国有企业市场化改革方向不动摇，推动国有企业改革向纵深发展。会议还提出，“未来三年是关键的历史时期”，要落实好国有企业改革顶层设计，抓紧研究制定“国有企业改革三年行动方案”，“明确提出改革的目标、时间表、路线图”。紧接着在12月12日召开的中央经济工作会议强调，“加快国资国企改革”“提升国资国企改革综合成效”。在部署2020年经济工作时，提出“要尽快制定实施国企改革三年行动方案，提升国资国企改革综合成效”，这标志着在国企改革方案顶层设计基本完成、政策体系“四梁八柱”已经确立的基础上，新一轮国企改革将进入密集“施工期”和提升阶段。

2020 年，中共中央下发《国企改革三年行动方案（2020—2022 年)》，通过主动改革，应变局、开新局、化危机、创新机。

2021 年 5 月 31 日，国务院国有企业改革领导小组办公室以视频方式召开深化国有企业三项制度改革专题推进会，深入学习贯彻习近平总书记关于激发市场主体活力、深化国有企业三项制度改革的重要指示精神，认真落实国企改革三年行动方案，进一步推动国有企业真正实现“管理人员能上能下、员工能进能出、收入能增能减”。会议指出，深化三项制度改革，关键在于见行动，聚焦重点环节发力攻坚。要在管理人员能上能下上求突破，推行末等调整和不胜任退出，推行管理人员选聘竞聘，强化考核结果刚性运用，建立多序列并行的晋升渠道。要在员工能进能出上求突破，全面推行公开招聘，严格劳动合同管理，合理控制用工总量，畅通员工退出渠道。要在收入能增能减上求突破，强化薪酬与业绩紧密挂钩，合理拉开收入分配差距，落实核心关键人才激励制度，充分运用好中长期激励政策。

2023 年 6 月，中办国办联合印发《国有企业改革深化提升行动方案（2023—2025 年)》。

二、工作重点

（一）三个“第一次”

三项制度改革是国有企业体制机制改革和完善的最重要基础工作。作为改革方向，起始于 1984 年 10 月 20 日通过的《中共中央关于经济体制改革的决定》（中国共产党第十二届中央委员会第三次全体会议），第一次提出要建立“工人能进能出、干部能上能下、工资能高能低”的制度。国企三项制度改革作为一项工作，起步于1992年以“破三铁”为标志的企业劳动、人事、分配制度改革，标志是1992年1月25日劳动部、国务院生产办、国家体改委、人事部、全国总工会联合印发《关于深化企业劳动人事、工资分配、社会保险制度改革的意见》，第一次提出“干部能上能下，职工能进能出，工资能升能降”的机制。从此以后，多劳多得、优胜劣汰的理念成为共识。中央层面发布的第一个国有企业三项制度改革的文件是2001年3月国家经贸委、人事部、劳动和社会保障部发布的《关于深化国有企业内部人事、劳动、分配制度改革的意见》，提出：“改革国有企业内部人事、劳动、分配制度，是充分调动职工积极性、增强企业市场竞争力的一个关键因素。”

（二）两个“三年计划”

第一个“三年计划”出自2020年7月中央深改委第十四次会议审议通过的《国企改革三年行动方案（2020—2022年）》，第二个“三年计划”出自2023年6月中办国办联合印发《国有企业改革深化提升行动方案（2023—2025年）》，都对国企三项制度改革提出明确要求，重点解决“活力不足、效率不高”这个国企老大难问题。

三、脉络图

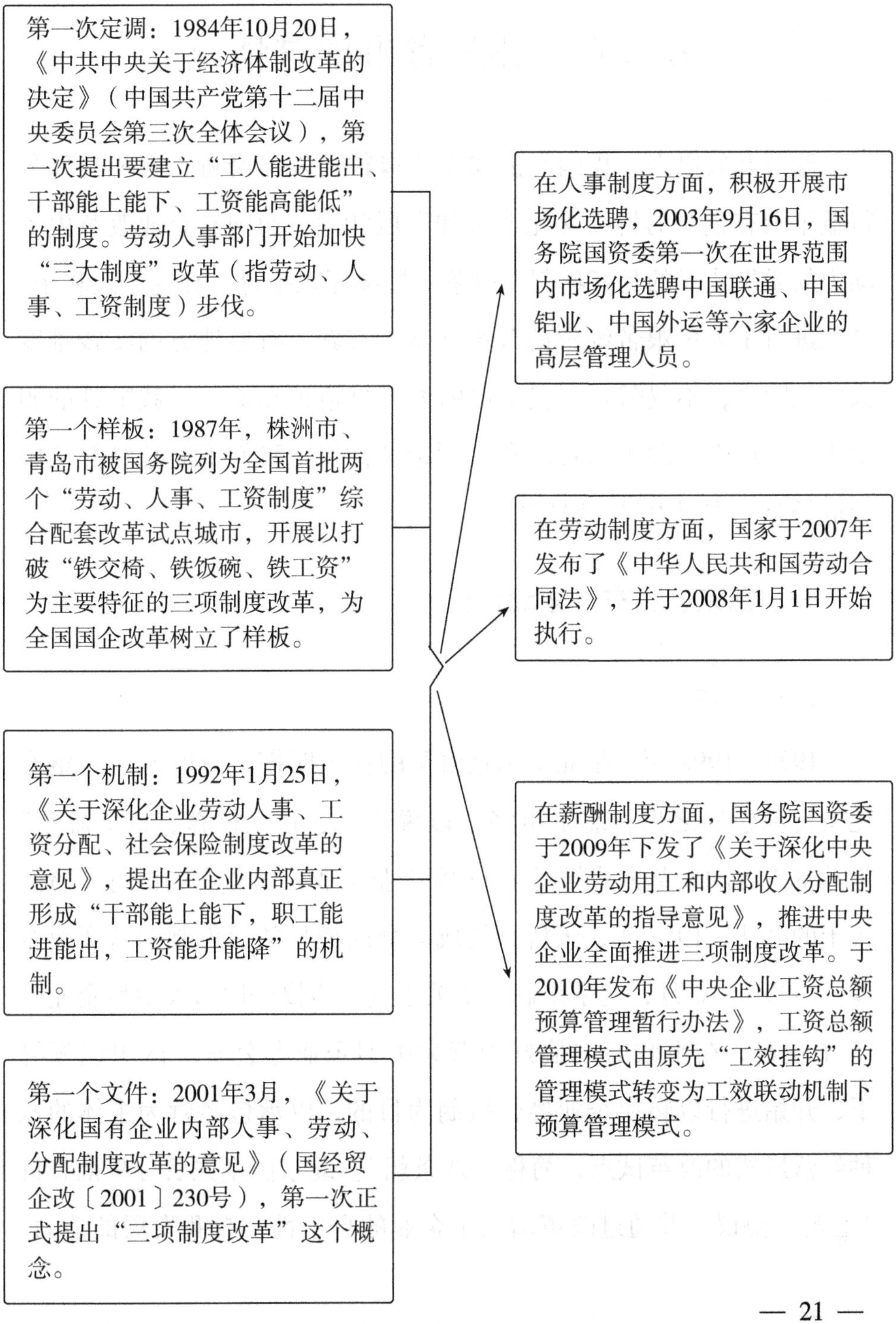

第一次定调：1984年10月20日，《中共中央关于经济体制改革的决定》（中国共产党第十二届中央委员会第三次全体会议），第一次提出要建立“工人能进能出、干部能上能下、工资能高能低”的制度。劳动人事部门开始加快“三大制度”改革（指劳动、人事、工资制度）步伐。

第一个样板：1987年，株洲市、青岛市被国务院列为全国首批两个“劳动、人事、工资制度”综合配套改革试点城市，开展以打破“铁交椅、铁饭碗、铁工资”为主要特征的三项制度改革，为全国国企改革树立了样板。

第一个机制：1992年1月25日，《关于深化企业劳动人事、工资分配、社会保险制度改革的意见》，提出在企业内部真正形成“干部能上能下，职工能进能出，工资能升能降”的机制。

第一个文件：2001年3月，《关于深化国有企业内部人事、劳动、分配制度改革的意见》（国经贸企改〔2001〕230号），第一次正式提出“三项制度改革”这个概念。

在人事制度方面，积极开展市场化选聘，2003年9月16日，国务院国资委第一次在世界范围内市场化选聘中国联通、中国铝业、中国外运等六家企业的高层管理人员。

在劳动制度方面，国家于2007年发布了《中华人民共和国劳动合同法》，并于2008年1月1日开始执行。

在薪酬制度方面，国务院国资委于2009年下发了《关于深化中央企业劳动用工和内部收入分配制度改革的指导意见》，推进中央企业全面推进三项制度改革。于2010年发布《中央企业工资总额预算管理暂行办法》，工资总额管理模式由原先“工效挂钩”的管理模式转变为工效联动机制下预算管理模式。

第二节　部分省市推进情况

改革开放以来，我国经济建设所取得的发展奇迹，有相当部分得益于国有企业的持续深化改革和发展壮大，而国有企业改革内生动力的激发依靠的是三项制度改革的持续深入推进。在这个过程中，各地进行了大量艰苦细致的改革探索和实践，有些地方的实践难度大、风险高，不仅需要自我革命的大无畏精神和勇于自我牺牲的胆量勇气，还需要改革的智慧和首创精神，值得我们不断总结并从中吸取经验、收获力量、坚定信心。

一、北京、山东、东北地区

（一）北京

1978—1992 年，是北京国企改革的探索时期。1979 年，首钢率先实行承包制之后，北京市将“以税代利、独立核算、自负盈亏”为基本内容的改革方式推行至 11 家工业企业，国营农场试行了财务包干的办法；1984 年，天桥百货成为全国最早的股份制国营商业企业。1990 年 10 月，北京市制定了关于进一步搞好国营大中型企业的 15 条政策，在市政府“搞好国营大中型企业办公室”的组织领导下，开始进行以转换企业经营机制为目的，以承包经营为主体的八种经营形式的改革试点，简称“八条船”。北京国企先后分 9 批签订“上船”协议，并通过改革增强了企业的自主性和自我发展的能力。

总的来说，这一时期，北京国企改革发展主要沿着“放权让利”的思路展开，改革调动了国企生产经营的积极性，增强了企业的活力。

1993—2002 年，是北京国企改革的制度创新期，北京开始了以法人制度为主体、有限责任制度为核心、产权制度为重点、优化产业布局为导向的现代企业制度改革。

2003—2013 年，是北京国企改革的体制创新期。2003 年 10 月，北京市国资委成立，代表市政府履行出资人职责，加强国有资产监管，指导推进国企改革，迈出了政企分开、政资分开的关键一步。

2013 年至今，是北京国企改革的深化改革期。2014 年，北京出台《关于全面深化市属国资国企改革的意见》和若干配套文件，形成“1+N”制度体系，深入推进国有资本授权经营体制改革和混合所有制改革，首旅、首钢、首农食品集团等综合改革试点步伐加快。

2019 年，北京市政府工作报告提出，要深化国资国企改革，加快实现从“管企业”向“管资本”转变，推动国有经济战略性重组，压缩企业管理层级。

自国企改革三年行动开展以来，北京市紧跟中央步伐、突出效率活力、聚焦科技创新“头号任务”，推动打造国企改革区域样板，在全国国资系统“双百行动”“科改示范行动”等评估中，京能集团、首钢集团、北京电控所属北方华创等一批企业成为全国范例、管理典型，在 2021 年度国企改革三年行动评估考核中获得 A 级等次。

（二）山东

山东省国企三项制度改革最早可追溯到 1981 年青岛市劳动、工资、社会保险三项制度单项改革。1991 年 10 月，中共青岛市委、市政府印发了《关于进行劳动、工资、社会保险制度综合配套改革试点的通知》，首批 18 家试点企业启动三项制度综合配套改革。这是山东省最早的三项制度改革举措。

山东省国有企业改革大体经过四个阶段：一是扩大企业经营自主权；二是实行以承包经营责任制为主的多种经济责任制；三是以“三项制度”改革为突破口的企业内部改革；四是贯彻落实《全民所有制工业企业经营机制转换条例》，转换企业经营机制。

1984 年以前，山东省国企是以自负盈亏、自主经营、自我约束、自我发展的“四自”为目标；1987 至 1992 年，主要是经营权改革、所有权改革；从 1992 年开始，通过贯彻落实邓小平南方谈话精神，以转换企业经营机制为抓手的“三项制度改革”开始从行业“条线”在山东各大企业推开。

1991 年至 1996 年，诸城市企业产权改革是山东国企改革的最大亮点。1995 年 12 月 20 日，时任国务院副总理朱镕基和国家体改委主任李铁映就深化改革问题在中南海怀仁堂召开座谈会，山东省体改委主任张龙汇报了山东正在推广诸城做法、加快县域企业改革的情况。朱镕基当场拍板，组织调查组到诸城进行全面考察。诸城企业改革经验中就有深化劳动、人事、分配三项制度改革。在劳动用工上，给企业充分自主权，建立充满活力的用工用人机制。引导企业通过劳动力市场，自主确定招聘时间、事件和数量，同时推行全员劳动合同制。在人事改革上，精简管理机构和人员，建立起高效精干的企业管理队伍，并对管理人员实行动态管理。在收入分配上，坚持“按劳分配”为主的原则，全面推行了岗位技能工资制。其次是狠抓以财务管理为中心的成本、质量、资金三大管理，在工业企业重点总结推广了诸城市四达公司的“倒逼成本管理法”。在商业流通企业，推行了诸城市五交化公司创造的“日效益自我考核管理法”，改革效果明显。

此后，位于烟台的万华化学集团和位于潍坊的潍柴集团大刀阔斧谋改革，成为全省乃至全国学习的榜样。2018 年 6 月 13 日，习近平总书记在万华视察时指出：“要搞好就一定要改革，抱残守缺不行。改革能成功，就能变成现代企业。”

万华于 1995 年列入全国百家现代企业制度试点，潍柴下属的潍柴动力于 2002 年完成股份制改造。两家企业围绕建立现代企业制度，真刀真枪，强力推进三项制度改革，完善市场化经营机制，为企业发展注入了强大动力。在推进改革过程中，以刀刃向内精神，出“实”招、下“狠”刀。万华改革实行全员下岗再竞聘，强行淘汰 15% 的员工，6800 人的企业有 4000 人内退，机关人员从 700 多人精减到 70 多人，100 多名处级干部 90% 内退。潍柴干部由 750 人减到 219 人，在岗职工总数由 13600 人减到 8000 人，实现了轻装上阵。

万华与潍柴的主要经验，就是改革要拿出“扛着铡刀搞改革”的勇气，勇于自我革命，敢于动真碰硬，加快完善市场化经营机制，充分激发内生活力动力，彻底根除“干部能上不能下、员工能进不能出、收入能高不能低”的国企“通病”，坚定不移将改革进行到底，真正把国有企业打造成为独立的市场主体。

2004 年，山东省国资委成立。2008 年 8 月，山东省国资委推出《关于进一步深化省属企业三项制度改革的意见》。2017 年至 2020 年，山东省国资委按照省委、省政府《关于加快推动国有企业改革的十条意见》要求，在省属企业中开展劳动、人事、分配三项制度改革专项行动，推动形成员工能进能出、干部能上能下、收入能增能减的新常态。在劳动制度改革方面，建立覆盖全员的考核评价体系，形成员工常态化退出机制。截至2020年，2700多人因不符合相关规定与企业解除劳动合同。在人事制度改革方面，山东省国资委将管理人员的考核与职务调整挂钩，明确设置经理层成员的退出“底线”，如年度经营业绩考核结果百分制低于70%或年度经营业绩考核主要指标完成率低于70%，即被降职或免职。截至2020年，省属国企有30户将考核结果与职务调整挂钩，11户企业确定对管理人员按每年2%—5%的比例实行末位淘汰，500余名中层管理人员被降职或免职，省属企业管理人员薪酬结构绩效年薪占比已达60%以上。在分配制度改革方面，建立宽带薪酬体系，合理拉开工资差距，管理人员薪酬结构中绩效年薪占比超过60%。在打破国企“铁饭碗”的同时，在全国率先出台省属企业中长期激励制度，允许符合条件的企业采取超额利润提成、项目跟投、虚拟股权等方式对核心技术人员和管理骨干进行激励，建立起员工和企业风险共担、收益共享的利益捆绑机制。截至2020年，13户上市公司全部实施股权激励，占省属控股上市公司总数近三分之一；累计在195户非上市公司开展中长期激励试点，覆盖面达7.63%；推动3户符合条件的非上市科技型企业实施了股权和分红激励，有效调动了企业骨干人才干事创业积极性。同时大力开展企业“瘦身健体”、压缩管理层级，省属企业实质性管理层级全部控制在四级以内，管理效率明显提升。

在第一轮国企改革三年行动中，山东省在事关国有企业高质量发展的重点任务上，大力破除了一批体制机制障碍，解决了一批长期想解决而没有解决的重点难点问题，有力促进了企业经济运行提质增效。2022年，山东省属企业营业收入、利润总额、资产总额三项指标均创历史同期最高水平。在国务院国有企业改革领导小组办公室组织的两次国企改革三年行动评估中，山东省均列A级，活力效率明显提高。在 2023 年开始的新一轮国企改革深化提升行动中，山东省指导企业将工资总额增量优先用于科技人才激励，对关键人才实行“一人一议”，协议开放薪酬，上不封顶，建立完善国有企业领导人员梯度培养机制、考核评价体系。对省属企业的考核指标从“一利五率”进一步优化为“两高一稳五提升”。2023 年，山东省属企业实现营收 23504.4 亿元，居全国第 2 位；实现利润 1064.5 亿元，同比增长 12.1%。

（三）东北地区

东北地区（包括辽、吉、黑 3 省和内蒙古自治区东部 3 盟 1 市）作为全国最主要的工业基地、商品粮基地和木材基地等，曾经对全国的现代化建设做出过巨大贡献。沈阳的机床、铝制品，大连的服装、玻璃制品，丹东的丝绸，长春的行走机械，哈尔滨的动力机械，都曾享誉海内外。但改革开放以来，由于某些原因，东北地区经济发展速度与全国相比有所下降，特别是广州、深圳、上海等重点开放城市大力引进国际最先进的工业生产线和管理经验，产品迅速更新换代，东北的传统名优产品在市场上缺乏竞争力，东北地区经济发展在全国经济总量中所占的份额逐渐降低，甚至出现了恶性循环，俗称“东北现象”。

形成东北现象的原因多而复杂，老国企多，重工企业多，普遍存在历史包袱沉重、体制机制僵化、思想偏于保守等通病，人事制度、劳动制度和分配制度改革相对落后。例如当地长期延续着“高官”任命“高管”、企业排斥职工、分配偏离效率的运行模式，暴露出的矛盾十分突出。从 20 世纪 90 年代末开始，随着经济体制改革步伐加快，东北老工业基地一些国有企业按照建立现代企业制度的要求，对企业人事制度、劳动制度和分配制度改革进行了积极探索，克服了一些固有的矛盾和问题，进行了市场化的人事制度改革、一体化的劳动制度改革、多元化的分配制度改革。

2013 年 8 月，习近平总书记在辽宁考察时指出："无论是区域、产业还是企业，要想创造优势、化危为机，必须敢打市场牌、敢打改革牌、敢打创新牌。""国有企业要深化改革，要'借东风'，激发内生动力，在竞争中增强实力。"改革就要坚持问题导向，三项制度改革是市场化改革的"牛鼻子"，改好了必然成为高质量发展的动力源，加强内部市场改革尤其三项制度改革成为各企业不约而同的首选。例如，通过对标先进，优化人力资源，近年来鞍钢在岗职工减少6.04 万人，减幅36%，劳动生产率提高84%。其中，鞍钢集团下属朝阳钢铁以三项制度改革为抓手，以契约化经营为纽带，把市场冷暖与每一位干部职工利益关联起来。从公司到厂、从工区到班组层层分解，全公司2000 余名职工肩头都扛上了指标。大家利用各种渠道找信息，研究销路，紧盯市场需求，市场需要什么就生产什么，赚钱多、收益大的产品成为公司紧盯的目标。再比如，鞍钢集团重机公司通过破除大锅饭，2020 年基层同岗位月薪最高与最低相差超过 5 倍。

在更为偏远闭塞的齐齐哈尔，中国一重曾经多次尝试推行三项制度改革，但都半途而废。2016 年开始，中国一重将三项制度改革作为扭转巨亏局面的牛鼻子，一改到底，先后推行了两轮"全体起立"，"拆庙"压"编"，撤销各级管理机构 187 个，压缩定员编制 2355 个，最终实现从"机构人员臃肿"转向"精干高效"。

1. 辽宁

辽宁国企改革发展历程经历了从困境到振兴的转变，通过深化改革、优化管理、加强技术创新和市场化经营，逐步实现了高质量发展。这里举几个例子。一是朝阳钢铁的逆袭：朝阳钢铁曾面临资不抵债、连年亏损的困境，但在2015年后，通过实施契约化经营、优化管理机制等改革措施，实现了盈利和销售利润率的提升，成为国企改革成功的典范。二是辽宁省国资委监管企业的重组整合：通过专业化的整合，减少了同质化竞争，提高了国有企业的核心竞争力，增强了抗风险能力。三是深化央地合作与技术创新：辽宁通过深化与央企的合作，提高了科技创新能力，加快了高质量发展步伐。通过与央企的合作，辽宁在多个领域取得了实质性进展。四是鞍钢本钢的成功重组：这是辽宁省推进国有资本“三集中”的具体体现，标志着辽宁省在优化国有经济布局方面取得了重大进展。五是与更大市场的融合：辽宁国企通过与中央企业的重组，实现了更大范围、更广领域、更高层次上的国际经济技术合作，发展进入了一个崭新的阶段。

通过上述改革措施，辽宁国企不仅在国内市场上取得了显著成就，还在国际市场上崭露头角，实现了脱胎换骨的转变，为辽宁乃至全国的经济社会发展做出了重要贡献。

深化三项制度改革是国有企业改革的重要内容，是企业发展的永恒主题。2019年，辽宁省开展国企劳动、人事、分配制度改革专项行动，省属企业全部告别“大锅饭”“铁交椅”。通过劳动、人事、分配制度改革，年底前，省属企业基本建立了能上能下、能进能出、能增能减的市场化经营机制。

辽宁省国资委出台《省属企业三项制度改革专项行动实施方案》（以下简称《方案》），结合省属企业实际，制定了两大核心指标、三方面任务、十个项目、二十个具体任务的专项行动内容，以提高劳动生产率和提高人工成本利润率为两大核心指标，以着力解决管理人员能上能下问题打破“铁交椅”、着力解决员工能进能出问题打破“铁饭碗”、着力解决收入能增能减问题打破“大锅饭”为三大任务。《方案》聚焦完善以岗位管理为基础的职业发展通道，完善中层及以上管理人员选拔、考核、奖惩和退出机制等方面，制定了20条具体任务。

综合考虑企业功能定位、行业特点、发展阶段和经营状况等因素，辽宁省要求各省属企业在改革中要注意借鉴并发挥先进典型单位的示范引领作用，突出问题导向，开展对标诊断，找准解决本企业问题的关键点、突破口，有的放矢，在加强统筹规划，制定方案台账的基础上，依法依规、规范有序地推进改革。

为了让改革成果惠及企业职工群众，辽宁省国资委修改完善收入分配制度，制定《辽宁省省属企业工资总额管理办法》，推进省属企业工资决定机制改革，根据改革推进情况，探索实行更加灵活高效的工资总额管理方式；制定《关于省属企业规范实施企业年金的实施意见》，鼓励具备条件的企业实施企业年金，增强企业对人才的吸引力，调动职工的积极性，提高企业凝聚力、竞争力和活力。

2. 吉林

2018 年开始，吉林省国资委建立“一企一策一案一专班”工作机制，指导监管企业结合改革过程中涉及的重点难点问题，量身制定符合自身发展实际的综合改革方案，明确近三年目标任务，细化工作措施，对国企改革任务再明确、再安排、再聚焦。截至2024年，省国企改革领导小组和省委深改委会议审议通过了吉煤集团等4户企业的综合改革方案。

一是在盘活存量、做优增量上下功夫。全面盘点企业各板块资产和业务状况，做强优质资产，盘活一般资产，清理劣质资产，实现国有资产保值增值。围绕推动形成以国内大循环为主体、国内国际双循环相互促进的新发展格局，联手央企做优增量，努力在风能、太阳能、森林资源、智能制造、医药领域打造一批新企业。积极开展降本增效，压减管理层级，减少法人户数，省属国企管理层级原则上控制在三级以内。

二是在激发活力、增强动力上下功夫。全面落实“两个一以贯之（一是坚持党对国有企业的领导是重大政治原则，必须一以贯之；二是建立现代企业制度是国有企业改革的方向，必须一以贯之）”要求，持续推动党的领导融入公司治理，深化三项制度改革，推动形成能者上、优者奖、庸者下、劣者汰的正确导向。深化混合所有制改革，重点推动竞争类企业混合所有制改革，推进功能类企业股权多元化，以更加开放的姿态深化与各类优质资本的合作。

三是在从严监管、有效监管上下功夫。深入开展分类授权放权，加快形成科学系统、精简高效的以管资本为主的监管制度体系。把握监管工作重点，指导企业健全内控体系，从严监管投资，从严考核奖惩，从严追责问责，严控债务水平，确保不发生系统性金融风险。健全协同高效监督机制，探索建立省国资委党委与省纪委监委、省委组织部干部监督联动机制，持续推进经营性资产集中统一监管。

四是在加强党建、建强队伍上下功夫。坚持把党的政治建设摆在首位，督促企业领导坚决扛起政治责任，进一步加大对企业人才的培养、培训力度，着力打造一支高素质、专业化的人才队伍，建立健全责任落实、督促检查、考核评价和问责追责机制，着力解决企业负责人不担当不作为的问题。认真贯彻落实中央八项规定精神和省委具体规定，努力营造风清气正、干事创业的良好环境。

3. 黑龙江哈尔滨

哈尔滨的国有企业从小到大，从弱到强，经历了时代淬炼。从放权让利到建立现代企业制度，再到触及核心利益的产权制度改革，围绕国有企业转换机制、增强活力和提高经济效益这个永恒主题，74 年来，哈尔滨的国有企业在艰难中求变，不断创新，破冰前行。

“一五”时期，给全国工厂做榜样。1950 年 2 月，毛泽东视察哈尔滨。他在参观哈尔滨机车车辆厂时说：“哈尔滨是全国最早解放的大城市，应当给全国的工厂做出榜样！”“一五”时期是哈尔滨经济发展最辉煌的时期之一。苏联援助我国的 156 项国家重点建设工程中有 13 项落户在哈尔滨。这些重点工程的投产促进了哈尔滨工业经济迅速发展。这 13 项工程，分布在哈尔滨的 10 个国有工厂，其中有新中国的 101 厂，即如今的中铝东北轻合金有限责任公司，有新中国的“三大动力”——哈电机厂、哈锅炉厂、哈汽轮机厂，有新中国轴承制造基地哈尔滨轴承厂等。这一时期，国家有关部门从全国各地抽调大批干部和工人支援哈尔滨建设。

放权让利，为国有工业添活力。党的十一届三中全会决定对经济体制进行全面改革。在工业改革方面的方法措施是“放权让利”，让企业经营者拥有经营自主权并分享一定的经营成果。这一阶段的改革给“文革”后百废待兴的哈尔滨工业经济注入了活力，极大提高了企业经营者和生产者的生产积极性，哈尔滨国有企业进入发展快车道。从 1978 年至 1985 年 8 年中，除利润有所波动外，哈尔滨市企业户数、工业总产值、销售收入、利润总额等都逐年上升。至 1985 年，国有企业 451 户，比 1978 年增加 134 户；完成工业产值 71.2 亿元，增长 1 倍；实现销售收入 64.4 亿元，增长 1 倍；实现利润 6.5 亿元，增长 0.7 倍。

哈药上市，拉开国企改革序幕。1987年到1992年，哈市国有企业经历了两期承包制改革，但随即，承包制弊端凸显。哈市507户国有企业中，有197户企业亏损，亏损面38.9%。党的十四届三中全会通过了《关于建立社会主义市场经济体制若干问题的决定》，把产权关系明晰作为现代企业制度的第一个特征。在平等的机遇中，哈市每户国有企业都面临着生死抉择。以哈药集团等大型股份制企业为代表的股票上市拉开了国有企业改革的序幕。2002年哈尔滨国有企业终于摆脱了长达10年之久的亏损局面，实现扭亏为盈，当年利润达到4.6亿元。2003年中央决定实施老工业基地振兴战略，给哈市国有工业经济振兴带来了前所未有的机遇。从2004年开始，哈市又一轮国企改革全面推开，改革的模式和工作思路、措施在实践中不断完善，激发了国有企业的活力，从而推动哈市经济社会的大发展。在哈药、哈啤、哈量等重点改制企业的带动下，2006年，哈市国有及国有控股企业实现利税52.1亿元，同比增长38.9%；实现利润12.9亿元，同比增长37%。

深化改革，推动市属国企提质增效。中共哈尔滨市委、市政府始终坚持把深化国企改革作为加快哈尔滨全面振兴的重要举措，特别是党的十八大以后，在企业整合重组、完善国资监管、推进市场化改革等方面持续加大力度，不断推动市属国企提质增效、做大做强。哈尔滨市国资委和出资企业坚决落实市委、市政府推进国企改革的决策部署，迎难而上、创新突破。2017年哈市新一轮国企改革启动，在完善顶层设计、推进引资混改等多个领域进行了大胆探索和有益尝试。出台《关于深化全市国资国企改革的指导意见》等“1+N”文件助推改革进程、国有企业集团由22户优化整合为14户、推进“三项制度改革”，等等，国企改革取得了阶段性成果。此

实行分类、分层管理；二是引入经营者竞争上岗机制，培育经营者择优录用、优秀人才脱颖而出的市场环境。通过选拔，为一些大中型企业配备了强有力的领导班子。

党的十九大召开以后，上海国有经济发展质量效益有效提升，国企改革的系统性和协同性更加突出，国资监管的体制机制不断完善，国企党建的优势作用进一步发挥。大力推进9户企业积极参与“双百行动”，3户企业获评全国“双百企业”三项制度改革专项评估A级。2020年12月，上海市出台《上海市贯彻〈国企改革三年行动方案（2020—2022年）〉的实施方案》，着重加强企业家队伍建设，深化三项制度改革方面。一是健全选贤任能制度，完善有别于党政领导干部、符合市场经济规律和企业家成长规律的国有企业领导人员管理机制。对敢于负责、勇于担当、善于作为、实绩突出的企业领导人员，给予更大力度的物质激励和精神激励。二是加快健全市场化经营机制。切实维护国有企业法人财产权和经营自主权，完善企业领导人员管理体系和市场化选人用人机制，继续推行企业领导人员任期制契约化管理。在符合条件的市管国有企业，按照“市场化选聘、契约化管理、差异化薪酬、市场化退出”原则，进一步深化职业经理人制度改革。三是优化企业领导人员考核评价与薪酬分配体系，综合运用多种激励工具有效激发员工内生动力，探索更符合实际的企业领导人员薪酬分配制度。建立岗位价值评估体系，严格业绩考核，实现能上能下，激励约束对等。四是用好各类高素质专业化人才。健全市场化招聘制度，实行有利于吸引和留住关键岗位核心骨干人才政策。加快培养引进“高精尖缺”人才，统筹推进引领性人才、支撑性人才、青年人才、产业工人人才队伍建设。有序推进管理人员竞争上岗、末等淘汰和不胜任退出等制度。

（二）浙江

浙江省一直被誉为民营企业大省，但其实国有经济也一样发达，在国资国企改革中也有不少先进做法和成功经验，呈现出“思路清晰、国民共进”的特点。

从国企改革顶层设计上看，党的十八大以来，浙江国企改革出台省级层面配套文件55项，各地制定相关文件340余项，形成全省深化国企改革“1+N”政策体系。在顶层设计过程中，重点推进完善国有资产管理体制、混合所有制改革、完善现代企业制度、完善市场化经营机制等方面制度建设。其中，以混合所有制改革为突破口、以市场化经营机制为手段、以现代企业制度建设为保障，激发国有企业活力和动力。

从国资国企改革取得的成效上看，省属企业综合实力提升。2023年，浙江省市国有企业全年实现营业收入2.55万亿元、利润总额1017亿元，其中，省属企业实现营业收入1.72万亿元、利润总额501亿元。国有资本布局结构明显优化，“僵尸企业”处置全面完成，混合所有制改革成绩显著，多个项目作为区域性国资国企综合改革典型经验做法在全国推广。

从浙江省国资国企改革的趋势上看，早在2018年，浙江省就已经树立“到2020年深化国企改革取得决定性成效”的总目标，在国企整体实力、国资统一监管、服务重大战略上实现“三个新”（即国企整体实力新提升、国资统一监管新加强、服务重大战略新突破），重点构建“四个体系”（即统一发展目标体系、统一工作支撑体系、统一政策制度体系、统一考核评价体系），实施“六大攻坚”（即国资统一监管攻坚、国企改革转型攻坚、布局优化整合攻坚、公司治理完善攻坚、监管职能转变攻坚和国企党建强化）。据此，浙江省国资国企改革在推动混改落地和提高资产证券化率等方面取得了显著成效。

（三）江苏

改革开放以来，作为东部发达省份，江苏省国有企业依照地区特色开展了一系列改革探索实践。

2002 年前后，全国各地掀起的“国企改制”热潮，江苏在 2002 年全省有 236 户国有企业进行了资产重组，规模达 189 亿元。截至 2002 年底，江苏省有 89% 的国有及国有控股大中型工业企业进行了改制。

2009 年，江苏省国资委成立，江苏国企改革紧跟中央步伐，稳妥推进国企改革探索实践。党的十八大以来，江苏省国企国资改革加速迹象明显，国有企业效益不断提升。

2012 年至 2017 年，江苏省属企业实现利润从 203 亿元增加到 386 亿元，增长 90. 2%；省属企业资产负债率从 71. 2% 下降到 63%，国有资产保值增值率保持在年均 110% 左右。

江苏省国资委 2018 年 1 号文件对省属企业修编“十三五”发展战略规划和制订创建一流企业三年行动计划进行部署，引导省属企业以上市为主要途径推动国有企业混合所有制改革，是江苏国企改革的主要路径之一。

2019 年，江苏省提出，要推进国有企业混合所有制改革试点，加快实现国资监管方式的转变，推动国有企业做强做优做大。

（四）江苏南京

1991 年，南京市先后选择了两批 72 家企业进行劳动人事、工资分配、社会保险制度综合改革试点，新的用工、分配、保障机制在试点企业逐步建立运行，并取得了成效。

南京市这次试点中，企业的热情非常高。在第一批选择12家企业进行劳动工资保险制度综合改革试点时，自愿报名参加试点的企业就有40家，在选择60家企业进行第二批试点时，自愿报名参加试点企业增长到100家，有的企业为了能挤进试点行业，反复向有关部门申请争取，甚至向市长请示。这些企业普遍具有危机感和紧迫感，认识到企业三项制度改革“非改不可，早改早主动，早改早受益”。经过试点，南京市的11.4万名固定工制度职工转为全员劳动合同制员工，9.6万名等级工资制职工转为岗位技能工资，3.1万名职工领取了《职工养老保险手册》，实行个人缴纳养老保险金制度。

企业参与改革的热情得到了应有的回报。试点企业都建立起了“职工能进能出，干部能上能下，分配能高能低”的新机制，调动了职工的积极性，培育了竞争观念，强化了企业的基础管理，提高了职工的技术素质，生产经营管理水平有了较大提高。首批进行劳动工资保险制度综合改革试点的12家企业1991年的销售收入、全员劳动生产率、实现税利等主要经济效益指标，分别比1990年增长12.8%、10.52%、1.57%。1992年三项指标在1991年基础上又有较大幅度提高。第二批的35家试点企业1992年主要经济效益指标都比1991年有较大幅度提高，其中销售收入增长29%，全员劳动生产率增长23.3%，实现税利增长54.6%。这充分说明南京市推行三项制度改革试点有效地促进了企业生产力的发展。

改革较好地解决了在当时企业普遍存在的机构臃肿、人浮于事的现象。首批12家试点企业科室机构由原来的366个减为324个，干部由原来的6515人，减为5831人，减少684人，其中一般干部落聘576人，中层干部落聘106人，厂级领导落聘2人。在落聘干部中，转到工人岗位的有262人。从工人中选聘了334人到管理岗位。撤离出富余人员1852人，占首批试点企业职工数的5.97%。没有签订全员劳动合同的有122人。

南京市第二批试点企业已兑现岗位技能工资的38家企业，按劳动技能、责任、强度和劳动条件等基本要素的测评结果，在岗位技能工资上拉开了差距，岗位工资最高与最低的差距，工人在3.5倍左右，干部在4.3倍左右；技能工资最高与最低的差距，工人在4倍左右，干部在5.5倍左右。这样的“差距”，成为激励生产积极性的有力杠杆。

2002—2005年，南京在市属工业企业中启动了“三联动”改革，即调整资本结构、理顺劳动关系、降低企业负债。到2005年，323家国有工业企业完成改制，一些经营困难的老国企通过改革活力倍增，产权转让更加彻底，国有存量资本得到了最大程度的盘活，在产权转让的过程中最大限度地保证了职工的利益。

南京市的“三联动”改革是在以往历次改革的基础上，调整资本结构，明晰产权关系，理顺劳动关系，减轻企业的债务负担的一次改革，将资产、劳动关系、债务这三项指标作为一个整体，为国有企业在进行产权转让中维持资本更好运营减轻负担，提供更好的发展环境。对净资产量较大的企业，改制目标是通过推进股票上市、合资合作和跨地区重组等方式做强做大；对资产量大、主业突出的一批市直属大企业，实施主辅分离；净资产量较小的中小企业则彻底放开搞活；部分扭亏无望的企业走上了关闭破产的道路，实现国有资本“进而有为、退而有序”。

例如，南钢集团2003年与上海民企复星集团旗下三家公司联合组建南钢联合公司，复星集团注入16.5亿元资金获控股权，南钢完成了由国有独资企业向非国有控股企业的转变，职工从1.8万人精简到1.1万人，处级机构从33个减少到13个。改制后的新南钢2005年实现销售收入219亿元，利润10.5亿元，分别为改制前的2.9倍和2.6倍；改制3年间完成的投资总额86亿元，几乎是南钢建厂至2002年间所有投资的两倍。此外，安徽海螺、无锡威孚、深圳安远等国内相关行业内的领头企业以及雨润、苏宁等南京市的大型民企相继参与南京市的国企改制。外来增量资本的投入，大大提高了资产质量，南京市市属国有工业企业在改制前的账面资产负债率76.3%，实际负债率超过100%，改制后，实际资产负债率下降到60%左右。

再例如，南京特种灯泡厂改制当年，同行业销量就跃居全国第一。到2005年，南京市机电、轻纺、化建、医药四大产业完成的销售收入372亿元、利税24.2亿元、利润11.2亿元，比2002年都翻了一倍还多。

在“三联动”改革中，严格保障职工利益。“三联动”改革涉及在册职工16.2万人，其中重新签订劳动合同7.9万人，托管人员7.2万人，解除、终止劳动关系1.1万人，这1.1万人大部分都是在原企业就已下岗的职工。南京市属国有工业改革企业重新安置上岗职工8000人。改革过程中，企业土地变现资金都要进入产业集团社会保障专户，主要用于职工安置，对解除、终止劳动关系的职工，其安置费或经济补偿金以现金支付，安置职工的备用金必须用改制后新企业等额的土地、房产等有效资产作抵押，确保职工备用金安全，改革企业职工优先纳入医保统筹。

改革后，南京有关国有企业新聘员工的收入也大幅增加，享受到了改革红利。例如，高精齿轮公司在岗职工2002年人均收入是2.92万元，到2005年增到4万元；南京汽轮厂2003年在岗职工人均收入3.1万元，2005年达到4.3万元；南钢集团2001年在岗职工人均收入2.3万元，2005年近4万元；中国水泥厂改制前经营困难，濒临破产，连续4个月欠发职工工资，改制后职工月收入1860元，在当时属于高收入水平。

三、珠三角地区

珠江三角洲地区处于我国改革开放的前沿，从20世纪80年代初到80年代中期，全国对公有制经济的改革都处于一种探索阶段，珠三角地区的国企改革也是“摸着石头过河”，当时认为公有企业缺乏活力的主要原因是权太小、利太少，因此这一时期改革的重点在“放权让利”，前提是保持传统企业制度的基本框架不变。从20世纪80年代中期开始到90年代初，改革的重点是实行承包制，将原来政企不分的制度变为“两权分离”，即所有权和经营权的分离。在这一阶段珠江三角洲地区开始推广各种不同形式的承包经营责任制，将承包任务纳入厂长（经理）的任期目标之中，以此来强化厂长（经理）的管理职能和经营责任，解决国有企业中的存在的问题。从1992年到20世纪末，改革重点是通过“三改一加强”（改制、改组、改造和加强管理）的办法，在国有企业中引入股份制和现代企业制度，将原来的国有企业改造为具有现代企业制度的企业，在企业内部形成“三权”即所有权、经营权和监督权制衡的“内部治理结构”。例如珠江三角洲的国有企业就以各种方式进行了股份制改革，形成了以政资分开为核心的“三级授权经营制”改革“深圳模式”，以“整体转制”为特点的“顺德模式”，以有限产权改革为基础的“注资经营责任制”为代表的“肇庆模式”。

（一）深圳市

深圳国资委从2006年开始对市属国有企业三项制度进行改革。以理顺企业劳资关系为切入点，建立了员工能进能出的劳动用工机制；以竞争上岗、绩效管理为重点，建立了能上能下的人事制度；以绩效考核为手段，建立了薪酬能高能低的收入分配制度。通过三项制度改革，构建了现代企业人力资源管理体系，经营机制逐步与市场接轨，进一步提升了市属国有企业的核心竞争力。2008年4月11日至12日，国务院国资委召集各省、市、自治区国资委领导在深圳召开现场座谈会，探讨学习深圳市国有企业三项制度改革经验。

2019年7月，深圳在全国率先开展区域性国资国企综合改革试验，研究确定并全面实施“1+4+4”改革总体框架，一体推进国企改革三年行动和“双百行动”“科改行动”“加快建设世界一流企业”等工作，以多项“全国第一”“全国率先”生动诠释了深圳“杀出一条血路来”的城市特质。“1+4+4”总体改革框架的“1”，即把牢做强做优做大国有资本和国有企业总目标；第一个“4”，即在国资层面破除体制性障碍，在国企党建、优化布局、转变职能、完善监管上实现“四个先行示范”；第二个“4”，即在国企改革层面，坚持市场化方向，打通产权改革、公司治理、选人用人、激励约束“四个关键环节”。深圳各级国资企业实现董事会应建尽建、外部董事占多数，全面建立董事会向经理层授权管理制度。各级企业实现100%市场化公开招聘、100%全员绩效考核，符合条件的各级子企业长效激励约束机制建设实现100%全覆盖，以经理层成员任期制和契约化管理为核心的新型经营责任制基本建立，中层管理人员竞争上岗、末等调整和不胜任退出在各级企业全面推行。

（二）中山市

中山市通过国企改革三年行动，劳动、人事、分配三项制度改革进一步深化，以经理层成员任期制和契约化管理为核心的新型经营责任制基本建立，市场化薪酬分配机制持续优化。全面推行市场化用工，3 户一级企业和过半数子企业开展管理人员竞争上岗，新招聘员工 100% 通过市场公开招聘，管理人员末等调整或不胜任退出 12 人，占比 2.27%，解决了管理人员“能上不能下”的问题；建立“以责定岗、以岗定级、以能定档、岗变薪变、绩优档升”薪酬管理机制，推动企业建立“一人一考核、一人一张表”契约化管理方式；鼓励有条件的企业开展增量激励。

（三）广州市

广州市是广东省的工业基地，国有企业数量多，分布广，国有控股工业企业比重占到广东省第一位，国有经济是广州经济的主要支撑。1978 年至 1984 年，广州国企改革的主要特征是“放权让利”，在人、财、物、产、供、销等方面，全面扩大国有企业的经营权和自主权。1984 年至 1992 年，国企改革的主要特征是“承包经营”，通过改革调整政府与企业的关系，进一步扩大企业的生产经营自主权，为企业“松绑”，大力推行各种形式的承包经营责任制，使企业真正成为有活力的经济实体，调动了企业的生产经营积极性。1992 年至 1999 年，国企改革的主要特征是“制度创新”和“配套改革”。按“三改一加强”的原则，实行一个企业一个办法，不搞一刀切，重点改革企业组织人事、劳动用工、分配激励、技术创新、产品开发等内部机制。用一句话总结就是，吃透中央和省里的精神坚决贯彻，摸清广州国企的特点实事求是，坚持走自己的路勇于创新。

《广州市国企改革三年行动实施方案（2020—2022 年）》出台后，广州国资国企系统在健全市场化经营机制方面按下“加速键”，狠抓三项制度改革这一“牛鼻子”，实施市场化选聘、契约化管理，以更大力度更深层次推进“管理人员能上能下、员工能进能出、收入能增能减”，加快完善市场化经营机制，涌现出一批活力竞相进发、动力更加充沛的现代新国企，人才成为广州各大国企发展的共同渴求。人才引进的渠道不断拓宽，除了启动全球公开招聘，还借助知名咨询公司、猎头机构等外部力量网罗人才。2021 年 5 月，广州市国资委首次面向全球公开选聘百余名国企高级经营管理人才，当时，职位之多、层次之高、力度之大均创下新纪录，吸引了一批市场化专业人才进入广州国企担任高管、总法律顾问、总会计师等重要岗位。广州各家国企还积极推行任期制和契约化管理，广州市属企业所属各级子企业已 100% 完成经理层任期制和契约化管理。同时建立管理人员竞争上岗、末等调整和不胜任制度等，实现了管理人员“能上能下”、员工“能进能出”。如广州无线电集团 2020 年以来，集团管理干部竞聘上岗 658 人次，占管理干部 40%；退出 135 人次，占管理干部 8.2%。选用或者引入了合适的人才，还需要有好的激励机制留住人才。作为国企混改的重要手段，广州国企的股权激励受到市场高度关注。2022 年 3 月，电动车企广汽埃安对研发、智造等核心员工实施股权激励，建立了公司与重要技术人员、经营管理人员以及核心科技人员之间的利益共享、风险共担机制，最大范围绑定了核心员工，留住了关键人才，进一步推动了广汽新能源汽车的高速发展。

四、华中华西地区

（一）湖北

1998年，湖北全省3574家国有及国有控股企业完成产值1588亿元，实现税金114亿，分别比1978年增长11.9倍和10倍。1999年，湖北省进一步拓宽国有企业改革思路，加强对国有企业尤其是亏困企业的分类指导，层层建立领导责任制，国企改革出现突破性进展。着眼于体制创新，大胆探索公有制的有效实现形式。1999年，全省有250家国有大中型企业着手建立现代企业制度，打破所有制界限，1500家企业实行公司制改造，74户大企业利税所占比例达63%，国有小企业改制面达84%。全省推广武汉市嫁接、改造、租赁、股份合作、出售等多种形式搞活企业的经验，鼓励各地因企制宜大胆探索。1998年仅武汉市就有37家企业被私营企业兼并。

针对国有资产存量大，存量结构不合理，呆滞、闲置问题十分突出的现状，湖北省在优化资产结构、增强国有经济控制力上进行了大量探索：认真推广武汉市资本营运经验，着力构建国有资产营运管理体系，组建一批综合或专业性的国有资产经营公司；认真抓好城市优化资本结构试点工作，全省5个试点城市共有192户企业实施试点计划，冲销银行呆坏账准备金25.78亿元；实行“退二进三”，调整优化国有经济布局，一大批地处闹市的企业转向发展第三产业；大力推进跨地区、跨行业、跨所有制兼并联合，开放式实施资产重组。近几年，省外、境外一批有影响的企业兼并了湖北不少企业，企业焕发出活力，经济效益显著增长，收到了良好效果。

着眼于结构创新，推动纺织、汽车、冶金、化工四大行业战略性调整。纺织行业1998年淘汰40万株纺锭，30户棉纺企业结合压锭进行兼并重组。汽车行业以治理“散、乱、差”为重点，依托东风汽车公司实施百万辆汽车生产规划。冶金行业在调整中向优势转变：企业集中优势资本，全省27家大中型企业，尽管户数只占全行业的23%，但资产和利税都已占到全行业的90%以上。石化行业重点发展沙隆、双环、宜化等九大集团，有40户进行了兼并联合、托管、租赁，盘活存量资产14多亿元。

湖北一大批企业通过改革起死回生，突破口有三条：企业转换产权，职工转换身份，管理转换机制。突破方式也有三条：产权多元化，资产资本化，激励股权化。

（二）四川

四川是全国最早启动实施新一轮国企三项制度改革的省份之一。2014年，四川省人民政府办公厅印发《全面深化省属企业内部劳动人事分配制度改革方案》，当地国资委系统采取一系列创新举措，分批次推进该项改革，“员工能进能出、管理人员能上能下、收入能增能减”的改革成效初步显现。改革不仅促进了企业员工思想观念的转变，也对企业提质增效产生了积极影响。企业财务快报统计显示，基本完成改革目标的10户省属国企（除川化控股和川煤集团）2015年利润总额同比增长24.8%，成本费用利润率同比增长12.6%；两年来省属国企分流员工6000余人，每年减少人工成本约34亿元。

2016年底，四川基本完成三项制度改革预定目标。2017年，四川又在加强劳动用工契约化管理、加强管理人员考核评价和推进收入分配市场化改革方面狠抓制度落地。2021 年，四川出台《四川省国企改革三年行动实施方案（2020—2022 年）》，深入实施国资国企“1 +6”专项改革，打好国企改革三年行动“第一战役”。国有经济布局优化和结构调整、现代化公司治理机制、“三项制度”专项改革、市场化经营机制建设等重点改革实现攻坚突破。

（三）四川成都

2018 年 4 月，成都市人民政府出台《关于进一步深化市属国有企业内部劳动人事分配制度改革的指导意见》，指导市属国有企业转换经营机制，促使企业内部“三项制度”与市场机制体制全面接轨。市属国有企业严格控制内设机构数量，按照“按需设岗、以岗定员”的原则，严格控制企业用工总数。对职能相近或相似、重叠交叉较多的予以归并；对管理层级和管理人员配备进行精简，管理层级原则上压缩至三级以内，职能部门机构实行扁平化管理，原则上只设一级，并从严掌握管理岗位设定，职能部门管理人员职数原则上不得超过本单位总人数的 20%。加大市属国有企业管理人员市场化选聘力度，企业中层及以上管理人员一律实行聘任制、任期制，公开竞争、择优聘用。干部选聘以经营业绩和工作实绩为主，对管理人员实行定量考核与定性评价相结合的考核评价制度，且考评结果与职务升降、薪酬调整紧密挂钩，真正做到管理人员能上能下。员工进出企业，按照“平等竞争、择优录用”的原则，切实做到全程公开。企业劳动用工实行契约化管理，依法与员工签订劳动合同，明确双方的权利义务，强化劳动合同对实现员工能进能出的作用。在推进企业收入分配市场化改革方面，成都提出对高层次专业人才应实行中长期激励措施，鼓励国有上市公司实施股权激励，鼓励具备条件的非上市企业，对符合条件的关键人才依法依规实施中长期价值分享、附带权益计划、中长期业绩奖金等中长期激励措施，并提出企业负责人实行差异化的薪酬分配、改革工资总额决定机制、完善薪酬分配约束监督机制等。

第三章　国有企业三项制度改革文件

政策至关重要。经过几十年的改革发展，国有企业作为独立市场主体与市场经济深入融合，规模实力显著增强，经济效益稳步提高，在很多行业和领域已经形成世界级规模的大企业大集团，每一步都离不开政策的支持和指导。

第一节　国家指导文件

国有企业有其特殊性，最核心、最敏感、最难处理的是“钱从哪里来，人往哪里去”的问题，最需要处理好的是国家、企业、职工三方的切身利益。因此，三项制度改革过程中国家的政策指导直接影响改革的效果，甚至成败。

一、与三项制度改革相关的基础性文件

1. 1979 年 7 月 13 日，国务院印发《关于扩大国营工业企业经营

管理自主权的若干规定》。

《规定》指出："为了进一步调动工业交通企业的积极性，改善经营管理，提高经济效果，为社会主义现代化建设做出更大贡献，必须扩大国营工业交通企业经营管理自主权。"第二条规定："实行企业利润留成。改变按工资总额提取企业基金的办法，把企业经营的好坏同企业生产的发展和职工的物质利益直接挂起钩来。根据不同行业、不同企业的具体情况，确定不同的利润留成比例。企业用利润留成建立生产发展基金、集体福利基金和职工奖励基金。具体办法，按国务院《关于国营企业实行利润留成的规定》执行。"第八条规定："企业有权按国家劳动计划指标择优录用职工。企业根据自己的实际情况制订考工标准，经过考试招收职工。企业有权根据职工的表现进行奖惩。对那些严重违反劳动纪律，破坏规章制度，屡教不改，造成重大经济损失的，可给予开除处分。开除后，可以留厂劳动，发给生活费。"第九条规定："企业在定员、定额内，有权根据精简和提高效率的原则，按照实际需要，决定自己的机构设置，任免中层和中层以下的干部。机构设置不必与上级主管部门对口。"

2. 1979 年 7 月 13 日，国务院印发《关于国营企业实行利润留成的规定》。

《规定》指出："为了适当扩大企业的财权，加强企业的经济责任，把国家、企业和个人三者的利益结合起来，以利于进一步调动企业和职工群众的主动性和积极性，切实搞好经济核算，挖掘增产节约潜力，为国家多积累资金，国家对企业逐步实行利润留成办法。为此，特作如下规定。"其中："所有实行独立经济核算的企业，经营有盈利的，可以按国家核定的比例留用一部分利润，用于建立生产发展基金、职工福利基金和职工奖励基金。”此外还规定了企业利润留成的比例、利润留成比例的核定以及如何使用等。

3. 1982 年 1 月，中共中央、国务院印发《国营工厂厂长工作暂行条例》。

《条例》提出企业管理的根本原则是党委集体领导，职工民主管理，厂长行政指挥。

4. 1984 年 5 月 10 日，国务院印发《关于进一步扩大国营工业企业自主权的暂行规定》。

《规定》在生产经营计划、机构设置、人事劳动管理、工资奖金使用等 10 个方面都做出新的规定，放宽了对企业的约束。第八条规定："企业可以根据需要从外单位、外地区招聘技术、管理人员，并自行确定报酬。""厂长（经理）有权对职工进行奖惩，包括给予晋级奖励和开除处分。""企业有权根据生产需要和行业特点，在劳动部门指导下公开招工，经过考试，择优录用。有权抵制任何部门和个人违反国家规定向企业硬性安插人员。"第九条规定："在工资奖金方面。企业在执行国家统一规定的工资标准、工资地区类别和一些必须全国统一的津贴制度的前提下，可以根据自己的特点自选工资形式。""企业对提取的奖励基金有权自主分配。"

5. 1984 年 5 月 18 日，中共中央办公厅和国务院办公厅印发《关于认真搞好国营工业企业领导体制改革试点工作的通知》。

《通知》决定改革国营工业企业领导体制，实行生产经营和行政管理工作厂长（经理）负责制，并对厂长、企业党组织和工会的职责、权限做出明确规定。《国营工业企业法（草案）》作为《通知》的附件同时下达。

6. 1984 年 10 月 20 日，中国共产党第十二届中央委员会第三次全体会议印发《中共中央关于经济体制改革的决定》。

《决定》指出增强企业活力是经济体制改革的中心环节。三项制度改革内容：初步提出要建立“工人能进能出、干部能上能下、工资能高能低”的制度。第二条“改革是为了建立充满生机的社会主义经济体制”指出：“就经济方面来说，一个重要的原因，就是在经济体制上形成了一种同社会生产力发展要求不相适应的僵化的模式。这种模式的主要弊端是：政企职责不分，条块分割，国家对企业统得过多过死，忽视商品生产、价值规律和市场的作用，分配中平均主义严重。这就造成了企业缺乏应有的自主权，企业吃国家‘大锅饭’、职工吃企业‘大锅饭’的局面，严重压抑了企业和广大职工群众的积极性、主动性、创造性，使本来应该生机盎然的社会主义经济在很大程度上失去了活力”。第七条“建立多种形式的经济责任制，认真贯彻按劳分配原则”指出：“这几年城市改革的试验充分表明，农村实行承包责任制的基本经验同样适用于城市。为了增强城市企业的活力，提高广大职工的责任心和充分发挥他们的主动性、积极性、创造性，必须在企业内部明确对每个岗位、每个职工的工作要求，建立以承包为主的多种形式的经济责任制。这种责任制的基本原则是责、权、利相结合，国家、集体、个人利益相统一，职工劳动所得同劳动成果相联系。”

7. 1985 年 7 月 9 日，中共中央办公厅、国务院办公厅印发《关于党政机关干部不兼任经济实体职务的补充通知》。

《通知》规定所有在职和退居二线的党政机关干部，一律不兼任全民所有制各类公司、企业等实体经济的职务。

8. 1986 年 7 月，国务院印发《国务院关于加强工业企业管理若干问题的决定》。

《决定》要求，要有领导、有步骤地完成全民所有制工业企业领导体制的改革。例如，第十三条规定：“要有领导、有步骤地完成全民所有制工业企业领导体制的改革。‘七五’期间，企业要在总结试点经验的基础上，普遍推行厂长负责制。实行厂长负责制的企业，厂级行政副职由厂长提名，报主管部门批准；中层行政干部由厂长任免。在任免干部的时候，要注意征求各方面的意见。企业领导班子按照革命化、年轻化、知识化、专业化的要求调整以后，应保持相对稳定。厂长任期为三至五年，任期内实行目标责任制。实现任期目标的，可以连任。”第十四条规定：“健全职工民主管理制度。要发扬我国社会主义企业职工民主管理的优良传统，发扬广大职工的主人翁责任感和主动性、积极性、创造性。要充分发挥职工代表大会或职工代表会议在企业民主管理中的作用。企业经营战略、发展规划、内部分配和经济责任制总体方案，要经过职工代表大会或职工代表会议讨论审议；有关职工切身利益的集体福利等方面的重要事项，要由职工代表大会或职工代表会议讨论决定。企业各级领导干部要自觉接受职工群众的监督，认真听取职工群众对于改革和加强企业管理方面的意见，积极发动群众开展合理化建议和技术革新活动。企业全体职工都要以办好企业为己任，关心企业发展，努力为国家多做贡献。”

9. 1986 年 9 月 15 日，中共中央、国务院印发《全民所有制工业企业厂长工作条例》。

《条例》决定在企业中普遍推行厂长负责制，开始对国有企业领导体制进行全面改革，国有企业的领导体制从此进入厂长（经理）负责制时期。《条例》对干部、用工、分配机制方面的革新如下：

第十一条　企业设立管理委员会，就企业经营管理中的重大问题协助厂长决策。

第十二条　本条例第十一条所称重大问题是指：一、经营方针、长远和年度计划、重大技术改造和技术引进计划、职工培训计划、工资调整计划和财务预决算、自有资金分配和使用方案……

第二十四条　厂长应当采取切实措施，进行智力投资和人才开发，加强对职工的思想、文化、业务教育，组织职工进行技术革新，支持合理化建议，做好思想政治工作，充分发挥职工参加社会主义建设的主动性、积极性和创造性。

第二十七条　本条例第十六条所列副厂长和厂级经济技术负责人，以及中层行政干部的人选方案由厂长负责提出，并征求企业党委意见。中层行政干部由厂长决定任免；厂级行政副职按干部管理权限上报审批。厂长用人必须坚持德才兼备、任人唯贤的原则。人选方案，厂长应当倾听各方面意见，经充分酝酿后提出。

第二十八条　厂长有权按国家规定对职工进行奖惩，除经营亏损企业外，厂长对确有特殊贡献的职工可按国家规定予以晋级，厂长对违纪职工，有权予以行政处分，直至辞退，辞退职工应征求本企业工会的意见，厂长对厂级干部的奖惩、调资、晋级和对本条例第十七条第二款所列人员的奖惩、调资、晋级应按照干部管理权限上报审批。

10. 1986 年 9 月 15 日，国务院印发《中国共产党全民所有制工业企业基层组织工作条例》。

《条例》的制定是为了适应全民所有制工业企业领导体制改革的要求，改善和加强企业中党的领导，发挥党组织的保证、监督作用，促进社会主义企业的发展。其中第二十三条规定："企业思想政治工作必须为党的总任务、总目标服务，紧密结合经济工作进行，充分发挥广大职工的主动性、积极性和创造性，努力建设一支有理想、有道德、有文化、有纪律的职工队伍。"

11. 1986年9月15日，国务院印发《全民所有制工业企业职工代表大会条例》。

《条例》明确了厂长在企业中处于中心地位，对企业负有全面责任；企业党组织要搞好保证监督；通过职工代表大会实行民主管理等重要原则。

12. 1988年4月13日，第七届全国人民代表大会第一次会议修订通过印发《中华人民共和国全民所有制工业企业法》。

该法律确立了国营企业是独立的法人主体，而不是政府附属物的法律地位，使国营企业成为自负盈亏的责任主体。该法律自1988年8月1日起施行。

13. 1991年6月26日，国务院印发《关于企业职工养老保险制度改革的决定》。

《决定》指出，随着经济的发展，逐步建立起基本养老保险与企业补充养老保险和职工个人储蓄性养老保险相结合的制度。在我国实行养老保险制度改革以前，基本养老金也称退休金、退休费，是一种最主要的养老保险待遇。

14. 1991年7月25日，国务院印发《全民所有制企业招用农民合同制工人的规定》。

《规定》是为了深化全民所有制企业（以下简称企业）劳动制度改革，进一步完善劳动合同制，保障企业和农民合同制工人的合法权益，提高劳动生产率和经济效益。

15. 2003 年 5 月 13 日，国务院印发《企业国有资产监督管理暂行条例》。

《条例》从法律上明确了国资委的职责、权利和义务。

16. 2003 年 10 月 14 日，中国共产党第十六届中央委员会第三次全体会议印发《中共中央关于完善社会主义市场经济体制若干问题的决定》。

《决定》指出，要“建立健全现代产权制度，产权是所有制的核心和主要内容，包括物权、债权和知识产权等各类财产权。建立归属清晰、权责明确、保护严格、流转顺畅的现代产权制度，有利于维护公有财产权，巩固公有制的主体地位；有利于保护私有财产权，促进非公有制经济发展，有利于各类资本的流动和重组，推动混合所有制经济发展；有利于增强企业和公众创业创新的动力，形成良好的信用基础和市场秩序”。

17. 2003 年 12 月 26 日，中共中央、国务院印发《中共中央、国务院关于进一步加强人才工作的决定》。

《决定》要求进一步加强人才工作，实施人才强国战略，以能力建设为核心，大力加强人才培养工作；坚持改革创新，努力形成科学的人才评价和使用机制；建立和完善人才市场体系，促进人才合理流动；以鼓励劳动和创造为根本目的，加强对人才的有效激励和保障；突出重点，切实加强高层次人才队伍建设；推进人才资源整体开发，实现人才工作协调发展；坚持党管人才原则，努力开创人才工作新局面。

18. 2006 年 4 月 18 日，中共中央办公厅印发《关于进一步加强高技能人才工作的意见》。

《意见》提出，加快推进人才强国战略，切实把加强高技能人才工作作为推动经济社会发展的一项重大任务来抓；完善高技能人才培养体系，大力加强高技能人才培养工作；以能力和业绩为导向，建立和完善高技能人才考核评价、竞赛选拔和技术交流机制；建立高技能人才岗位使用和表彰激励机制，激发高技能人才的创新创造活力，完善高技能人才合理流动和社会保障机制；提高高技能人才的配置和保障水平；加大资金投入，做好高技能人才基础工作；加强领导，营造有利于高技能人才成长的良好氛围。

19. 2010 年 6 月，中共中央、国务院印发《国家中长期人才发展规划纲要（2010—2020 年）》。

《纲要》提出，到 2015 年，企业经营管理人才总量达 3500 万人，到 2020 年，企业经营管理人才总量达到 4200 万人，培养造就 100 人左右能够引领中国企业跻身世界 500 强的战略企业家。国有及国有控股企业国际化人才总量达 4 万人左右；国有企业领导人员通过竞争性方式选聘比例达 50%。实施“企业经营管理人才素质提升工程”，到 2020 年，培养一批具有世界眼光、战略思维、创新精神和经营能力的企业家；培养 1 万名精通战略规划、资本运作、人力资源管理、财会、法律等专业知识的企业经营管理人才。

20. 2013 年 11 月 12 日，中国共产党第十八届中央委员会第三次全体会议印发《中共中央关于全面深化改革若干重大问题的决定》。

《决定》对全面深化国有资产和国有企业改革进行了总体部署，明确了新时期深化国有企业改革的重大任务以及进一步完善现代企业制度等方面的内容。

《决定》明确提出要深化三项制度改革。具体是在第二部分“坚持和完善基本经济制度”的“推动国有企业完善现代企业制度”中提出：“健全协调运转、有效制衡的公司法人治理结构。建立职业经理人制度，更好发挥企业家作用。深化企业内部“管理人员能上能下、员工能进能出、收入能增能减”的制度改革。建立长效激励约束机制，强化国有企业经营投资责任追究。探索推进国有企业财务预算等重大信息公开”。此外，在第十二部分“推进社会事业改革创新”的“形成合理有序的收入分配格局”中提出：“着重保护劳动所得，努力实现劳动报酬增长和劳动生产率提高同步，提高劳动报酬在初次分配中的比重。健全工资决定和正常增长机制，完善最低工资和工资支付保障制度，完善企业工资集体协商制度。”在第十六部分“加强和改善党对全面深化改革的领导”的“全面深化改革，需要有力的组织保证和人才支撑”中提出：“打破干部部门化，拓宽选人视野和渠道，加强干部跨条块跨领域交流。破除‘官本位’观念，推进干部能上能下、能进能出。”

21. 2014 年 8 月 29 日，中央政治局会议印发《中央管理企业负责人薪酬制度改革方案》《关于合理确定并严格规范中央企业负责人履职待遇、业务支出的意见》。

《方案》《意见》强调了薪酬改革的最终指向是国资国企改革和收入分配改革。以小改革撬动大改革，央企薪酬改革意在长远。

22. 2015 年 7 月 5 日，中央深改小组第十三次会议印发《关于在深化国有企业改革中坚持党的领导加强党的建设的若干意见》。

《意见》主要对在深化国有企业改革中坚持党的领导、加强党的建设提出要求、做出部署。提出了“坚持党的建设与国有企业改革同步谋划，充分发挥党组领导核心作用、党委政治核心作用、基层党组织战斗堡垒作用和党员先锋模范作用；坚持党管干部原则，从严选拔国有企业领导人员，建立适应现代企业制度要求和市场竞争需要的选人用人机制”等明确要求。

23. 2015 年 7 月 28 日，中共中央办公厅印发《推进领导干部能上能下若干规定（试行）》。

《规定》着力完善从严管理干部队伍制度体系，推动形成能者上、庸者下、劣者汰的用人导向和从政环境。第二条即明确指出，所称推进领导干部能上能下，重点是解决干部能下问题。规定的适用对象是中央和国家机关各部门、地方县级以上党政机关的领导干部。

24. 2015 年 9 月 20 日，中共中央办公厅印发《关于在深化国有企业改革中坚持党的领导加强党的建设的若干意见》。

《意见》指出，坚持党的建设与国有企业改革同步谋划，充分发挥党组领导核心作用、党委政治核心作用、基层党组织战斗堡垒作用和党员先锋模范作用；坚持党管干部原则，从严选拔国有企业领导人员，建立适应现代企业制度要求和市场竞争需要的选人用人机制；严格落实国有企业党建工作责任制，切实履行党风廉政建设主体责任和监督责任；把加强党的领导和完善公司治理统一起来，明确国有企业党组织在公司法人治理结构中的法定地位；坚持从严教育管理国有企业领导人员，强化对国有企业领导人员特别是主要领导履职行权的监督；适应国有资本授权经营体制改革需要，加强对国有资本投资、运营公司的领导；把建立党的组织、开展党的工作，作为国有企业推进混合所有制改革的必要前提。

25. 2015 年 9 月 24 日，国务院印发《关于国有企业发展混合所有制经济的意见》。

《意见》鼓励非公有资本参与国企混改，有序吸引外资参与国企混改，鼓励国有资本多种方式入股非国有企业；分类、分层推进国企混改；电力、石油、天然气、铁路、民航、电信、军工等领域改革，开展放开竞争性业务、推进混改试点示范。

26. 2016 年 3 月 22 日，中共中央印发《关于深化人才发展体制机制改革的意见》。

《意见》着眼于破除束缚人才发展的思想观念和体制机制障碍，解放和增强人才活力，形成具有国际竞争力的人才制度优势，聚天下英才而用之，明确深化改革的指导思想、基本原则和主要目标，从管理体制、工作机制和组织领导等方面提出改革措施，是当前和今后一个时期全国人才工作的重要指导性文件。《意见》的颁布实施，对于全面贯彻党的十八大和十八届三中、四中、五中全会精神，深入贯彻习近平总书记系列重要讲话精神，加快建设人才强国，最大限度激发人才创新创造创业活力，把各方面优秀人才集聚到党和国家事业中来，为实现“两个一百年”奋斗目标提供有力人才支撑，具有十分重要的战略意义和现实意义。

27. 2016 年 8 月 29 日，中共中央办公厅印发《关于防止干部“带病提拔”的意见》。

《意见》强调，各级党委（党组）要把防止干部“带病提拔”作为全面从严治党、从严管理干部的重要内容，体现到干部选拔任用工作全过程，严格履行主体责任，坚持原则，敢于负责。要突出重点，抓住“关键少数”，坚持人选标准，严格履行程序，切实做好县处级以上领导干部的选拔任用工作。

28. 2017 年 4 月 24 日，国务院办公厅印发《关于进一步完善国有企业法人治理结构的指导意见》。

《意见》是根据《中共中央国务院关于深化国有企业改革的指导意见》等文件精神，为改进国有企业法人治理结构，完善国有企业现代企业制度，经国务院同意提出的意见。

29. 2017 年 9 月 8 日，中共中央、国务院印发《关于营造企业家健康成长环境弘扬优秀企业家精神更好发挥企业家作用的意见》。

《意见》指出，企业家是经济活动的重要主体。改革开放以来，一大批优秀企业家在市场竞争中迅速成长，一大批具有核心竞争力的企业不断涌现，为积累社会财富、创造就业岗位、促进经济社会发展、增强综合国力做出了重要贡献。营造企业家健康成长环境，弘扬优秀企业家精神，更好发挥企业家作用，对深化供给侧结构性改革、激发市场活力、实现经济社会持续健康发展具有重要意义。

30. 2018 年 2 月 26 日，中共中央办公厅、国务院办公厅印发《关于分类推进人才评价机制改革的指导意见》。

《意见》指出，人才评价是人才发展体制机制的重要组成部分，是人才资源开发管理和使用的前提。当前，我国人才评价机制仍存在分类评价不足、评价标准单一、评价手段趋同、评价社会化程度不高、用人主体自主权落实不够等突出问题，亟须通过深化改革加以解决。要加快形成导向明确、精准科学、规范有序、竞争择优的科学化社会化市场化人才评价机制，建立与中国特色社会主义制度相适应的人才评价制度，努力形成人人渴望成才、人人努力成才、人人皆可成才、人人尽展其才的良好局面，使优秀人才脱颖而出。

31. 2018 年 4 月 10 日，中共中央办公厅、国务院办公厅印发《关于提高技术工待遇的意见》。

《意见》是以习近平同志为核心的党中央立足新时期产业工人队伍建设改革的又一重大战略决策，是抓住了技术工人的利益问题并推出提高技术工人待遇的政策。当前存在问题的主要原因是技术工人的社会地位不够高，受社会环境、传统思维观念的影响，再加上收入水平偏低，许多青年人不愿意当技术工人，这些问题需要统筹研究、综合施策、长期努力。提高技术工人待遇政策的推出，第一次把提高技术工人待遇上升到全局高度，摆在一个重要位置，抓住了技术工人最关心、最直接、最现实的利益问题。

32. 2018 年 5 月 11 日，中央全面深化改革委员会第二次会议印发《中央企业领导人员管理规定》。

《规定》共 10 章 66 条，分总则、职位设置、任职条件、选拔任用、考核评价、薪酬与激励、管理监督、培养锻炼、退出、附则，明确了中央企业领导人员管理的基本原则、基本要求和主要内容，涵盖了中央企业领导人员管理的全过程和各环节。

33. 2020 年 6 月 30 日，中央全面深化改革委员会第十四次会议印发《国企改革三年行动方案（2020—2022 年）》。

《方案》推动国有企业活力效率实现实质性提升，加快健全灵活高效的市场化经营机制，以“三能”为显著标志的三项制度改革大面积深层级破冰破局，落实落地。

34. 2020 年 12 月 30 日，中央深改委第十七次会议印发《关于中央企业党的领导融入公司治理的若干意见（试行）》。

《意见》指出，中央企业党委（党组）是党的组织体系的重要组成部分，发挥把方向、管大局、促落实的领导作用。要完善体制机制，明确党委（党组）在决策、执行、监督各环节的权责和工作方式，正确处理党委（党组）和董事会、经理层等治理主体的关系，坚持权责法定、权责透明、协调运转、有效制衡的公司治理机制，推动制度优势更好转化为治理效能。

济效益决定；企业内部实行按劳分配原则，适当拉开差距，允许和鼓励资本、技术等生产要素参与收益分配。要采取切实措施，解决目前某些垄断行业个人收入过高的问题。”

在第十一条建设高素质的经营管理者队伍中提出，“深化国有企业人事制度改革。坚持党管干部原则，改进管理方法。中央和地方党委对关系国家安全和国民经济命脉的重要骨干企业领导班子要加强管理。要按照企业的特点建立对经营管理者培养、选拔、管理、考核、监督的办法，并逐步实现制度化、规范化。积极探索适应现代企业制度要求的选人用人新机制，把组织考核推荐和引入市场机制、公开向社会招聘结合起来，把党管干部原则和董事会依法选择经营管理者以及经营管理者依法行使用人权结合起来”“建立和健全国有企业经营管理者的激励和约束机制。实行经营管理者收入与企业的经营业绩挂钩”“健全法人治理结构，发挥党内监督和职工民主监督的作用，加强对企业及经营管理者在资金运作、生产经营、收入分配、用人决策和廉洁自律等重大问题上的监督”。

在第十二条加强党对国有企业改革和发展工作的领导中提出：“进一步理顺劳动关系，依法进行平等协商，认真执行劳动合同和集体合同制度。”

9. 2000 年 6 月 23 日，中共中央办公厅印发《深化干部人事制度改革纲要》。

《纲要》提出，完善国有企业内部用人机制、劳动合同制度、改革分配制度。改革的基本目标第一条即是：“建立起能上能下、能进能出、有效激励、严格监督、竞争择优、充满活力的用人机制。”

《纲要》第三部分是国有企业人事制度改革，其中在国有企业人事制度改革的重点和基本要求中提出，“深化国有企业人事制度改革，以建立健全适合企业特点的领导人员选拔任用、激励、监督机制为重点，把组织考核推荐和引入市场机制、公开向社会招聘结合起来，把党管干部原则和董事会依法选择经营管理者以及经营管理者依法行使用人权结合起来，完善体制，健全制度，改进方法，建立与社会主义市场经济体制和现代企业制度相适应的国有企业领导人员管理制度。深化国有企业内部人事制度改革，形成具有生机与活力的选人用人新机制”。此外，还对完善国有企业领导人员管理体制、改进国有企业领导人员选拔任用方式、完善国有企业领导人员考核办法、健全国有企业领导人员激励机制、强化国有企业领导人员监督约束机制、健全国有企业领导人员培训培养制度、完善国有企业内部用人机制提出了明确的改革要求。例如，在形成具有生机与活力的选人用人新机制中明确提出，“深化国有企业内部人事制度改革，落实企业用人自主权。完善劳动合同制度。全面推行管理人员和专业技术人员聘任制。改革分配制度，按实绩和贡献多劳多得，易岗易薪。加强教育培训，全面提高员工素质。研究制定具体办法，吸引各类优秀人才到国有企业工作”。

10. 2000 年 9 月 28 日，国务院办公厅印发《国有大中型企业建立现代企业制度和加强管理的基本规范（试行）》。

《规范》主要是落实十五届四中全会精神，推动国有及国有控股大中型企业建立现代企业制度，包括改革劳动、人事、分配制度。主要涉及第四部分，有关条文如下：

（二十）全面实行劳动合同制度。依照《中华人民共和国劳动法》，企业与职工通过平等协商签订劳动合同，确定劳动关系。加强劳动合同管理，做好劳动合同变更、续订、终止和解除等各项工作，完善企业内部劳动争议调解制度。

（二十一）改革用工制度。企业根据生产经营需要依法自主决定招聘职工，完善定员定额，优化劳动组织结构；科学设置工作岗位、测定岗位工作量、确定用工人数，实行定岗定员，减员增效，多渠道安置富余人员。实行全员竞争上岗制度，经培训仍未能竞争上岗的职工，企业可依法与其解除劳动合同，形成职工能进能出的机制。

（二十二）改革人事制度，按照精干、高效原则设置各类管理岗位和管理人员职数，精简职能部门，减少管理层次。打破“干部”和“工人”的身份界限，企业内部各级管理人员必须实行公开竞聘、择优聘用、定期考核，并实行任期制，不称职的必须及时从管理岗位上调整下来，形成管理人员能上能下的机制。

（二十三）改革收入分配制度。建立以岗位工资为主要形式的工资制度，明确岗位职责和技能要求，实行以岗定薪，岗变薪变。岗位工资标准应与企业经济效益挂钩，效益下降时相应降低岗位工资标准。调整职工收入分配结构，工资收入与企业效益和职工实际贡献挂钩，形成收入能增能减的机制。实行职工工资收入银行个人账户制度，委托银行代收全部工资收入，严禁违规违纪发放工资外收入，提高工资收入分配的透明度。

第四部分还有（二十四）改革住房分配制度、（二十五）维护职工合法权益、（二十六）按时足额缴纳社会保险费、（二十七）建立健全对企业经营管理者的激励机制和约束机制等制度规定。

11. 2002 年 5 月，中共中央办公厅、国务院办公厅印发《关于印发〈2002—2005 全国人才队伍建设规划纲要〉的通知》。

《纲要》是我国第一个综合性的人才队伍建设规划，明确提出 2002—2005 年人才队伍建设的总体目标是：人才总量有较大增加，人才结构与经济结构基本适应，人才队伍的整体素质明显提高。干部人事制度和人才管理体制改革取得新进展，有利于优秀人才脱颖而出、人尽其才的有效机制逐步建立，人才市场体系和人才管理法规日趋完善，人才成长的环境进一步优化。

在第四条企业经营管理人才队伍建设中提出，重点培养造就优秀企业家，努力建设高素质、职业化的企业经营管理人才队伍以及形成有利于企业经营管理人才成长的新机制。其中，有利于企业经营管理人才成长的新机制要“理顺和改善国有企业管理体制，深化企业人事制度改革，改进企业经营管理者的管理方式。加快现代企业制度建设，完善法人治理结构。全面实行企业经营管理者聘任制，加速企业经营管理者的市场化配置。实行企业经营管理者任期制和任期目标责任制，建立符合企业特点的考核评价制度，健全有效的监督约束机制。完善企业后备人才制度，建立企业经营管理者人才库。努力建设各具特色的企业文化”。

在第九条建立健全人才激励机制中提出，“建立与现代企业制度相适应的企业经营管理人员薪酬制度。构建以经营业绩为核心的多元分配体系，使企业经营管理人员的收入与企业效益密切挂钩。试行企业高层管理人员年薪制，试行股权制和期权制”。

12. 2009 年 12 月 3 日，中共中央办公厅印发《中共中央办公厅关于印发〈2010—2020 年深化干部人事制度改革规划纲要〉的通知》。

《通知》指出，干部人事制度改革是党的建设的重要内容，也是政治体制改革的重要组成部分。《纲要》根据党的十七大和十七届四中全会关于党的建设的总体部署，对2010—2020年深化干部人事制度改革做出了全面规划，是新形势下推进干部人事制度改革的纲领性文件。

《纲要》深化干部人事制度改革的基本目标第一条即是“建立起能上能下、能进能出、有效激励、严格监督、竞争择优、充满活力的用人机制”。第三条是推进国有企业人事制度改革。改革的重点和基本要求是，“深化国有企业人事制度改革，以建立健全适合企业特点的领导人员选拔任用、激励、监督机制为重点，把组织考核推荐和引入市场机制、公开向社会招聘结合起来，把党管干部原则和董事会依法选择经营管理者以及经营管理者依法行使用人权结合起来，完善体制，健全制度，改进方法，建立与社会主义市场经济体制和现代企业制度相适应的国有企业领导人员管理制度。深化国有企业内部人事制度改革，形成具有生机与活力的选人用人新机制”。

《纲要》在完善国有企业内部用人机制中提出：“深化国有企业内部人事制度改革，落实企业用人自主权。完善劳动合同制度。全面推行管理人员和专业技术人员聘任制。改革分配制度，按实绩和贡献多劳多得，易岗易薪。加强教育培训，全面提高员工素质。研究制定具体办法，吸引各类优秀人才到国有企业工作。”

13. 2013年2月4日，国务院印发《国务院批转发展改革委等部门关于深化收入分配制度改革的若干意见的通知》。

《通知》指出，深化收入分配制度改革，要坚持共同发展、共享成果。倡导勤劳致富、支持创业创新、保护合法经营，在不断创造社会财富、增强综合国力的同时，普遍提高人民富裕程度。坚持注重效率、维护公平。初次分配和再分配都要兼顾效率和公平，初次分配要注重效率，创造机会公平的竞争环境，维护劳动收入的主体地位；再分配要更加注重公平，提高公共资源配置效率，缩小收入差距。坚持市场调节、政府调控。充分发挥市场机制在要素配置和价格形成中的基础性作用，更好地发挥政府对收入分配的调控作用，规范收入分配秩序，增加低收入者收入，调节过高收入。坚持积极而为、量力而行。妥善处理好改革发展稳定的关系，着力解决人民群众反映突出的矛盾和问题，突出增量改革，带动存量调整。

国家发展改革委、财政部、人力资源社会保障部制定的《关于深化收入分配制度改革的若干意见》，对今后收入分配改革的总体目标、路径和政策举措等做出了要求与部署。与三项制度改革直接相关的表述如下：

在“继续完善初次分配机制”中的第三条“促进就业机会公平”中，提出“在国有企业全面推行分级分类的公开招聘制度”。第六条加强国有企业高管薪酬管理中要求，“建立与企业领导人分类管理相适应、选任方式相匹配的企业高管人员差异化薪酬分配制度，综合考虑当期业绩和持续发展，建立健全根据经营管理绩效、风险和责任确定薪酬的制度，对行政任命的国有企业高管人员薪酬水平实行限高，推广薪酬延期支付和追索扣回制度。缩小国有企业内部分配差距，高管人员薪酬增幅应低于企业职工平均工资增幅”。

14. 2013 年 2 月 9 日，国务院办公厅印发《关于深化收入分配制度改革重点工作分工的通知》。

《意见》将落实《国务院批转发展改革委等部门关于深化收入分配制度改革若干意见的通知》分解为 30 条政策措施，并将责任逐一明确到相关部门和地方。《意见》要求，各级政府要将深化收入分配制度改革列入重要议事日程，建立统筹协调机制，把落实收入分配政策、增加城乡居民收入、缩小收入分配差距、规范收入分配秩序作为重要任务，纳入日常考核。各地区要结合本地实际，在部分领域先行先试，积极探索。各有关部门要按照职责分工，抓紧研究出台配套方案和实施细则，认真组织实施，对实施中涉及多个部门的工作，牵头部门要加强协调，其他部门要积极支持和配合。发展改革委要认真做好统筹协调和督促检查工作。

15. 2014 年 11 月，中共中央、国务院印发《关于深化中央管理企业负责人薪酬制度改革的意见》。

《意见》对深化中央企业负责人薪酬制度改革做出了重大决策部署。一是完善薪酬确定机制，二是合理确定薪酬水平，三是规范福利性待遇，四是健全薪酬监督管理机制。按照企业负责人分类管理要求，综合考虑企业负责人的经营业绩和承担的政治责任、社会责任，建立符合中央管理企业负责人特点的薪酬制度，逐步规范企业收入分配秩序，实现薪酬水平适当、结构合理、管理规范、监督有效，对不合理的偏高、过高收入进行调整。

16. 2015 年 8 月 24 日，中共中央、国务院印发《中共中央、国务院关于深化国有企业改革的指导意见》。

《意见》立足国有企业改革亟待解决的问题导向，凝聚多方智慧，系统而有针对性地部署了包括国有企业的三项制度改革在内的国企改革一系列重大方针和举措，是国企改革“1 + N”文件里的“1”。《意见》同样是国企三项制度改革的指导纲领性文件，将“能上能下、能进能出、收入能增能减的市场化用人机制进一步完善”作为一项重要改革目标。

《意见》第十一条深化企业内部用人制度改革规定："建立健全企业各类管理人员公开招聘、竞争上岗等制度，对特殊管理人员可以通过委托人才中介机构推荐等方式，拓宽选人用人视野和渠道。建立分级分类的企业员工市场化公开招聘制度，切实做到信息公开、过程公开、结果公开。构建和谐劳动关系，依法规范企业各类用工管理，建立健全以合同管理为核心、以岗位管理为基础的市场化用工制度，真正形成企业各类管理人员能上能下、员工能进能出的合理流动机制。"

17. 2018 年 5 月 13 日，国务院印发《国务院关于改革国有企业工资决定机制的意见》。

《意见》旨在建立健全与劳动力市场基本适应，与国有企业经济效益和劳动生产率挂钩的工资决定和正常增长机制，完善国有企业工资分配监管体制，推动国有资本做强做优做大，促进收入分配更合理、更有序。《意见》最后指出，"本意见所称工资总额，是指由企业在一个会计年度内直接支付给予本企业建立劳动关系的全部职工的劳动报酬总额，包括工资、奖金、津贴、补贴、加班加点工资、特殊情况下支付的工资等"。

《意见》第二部分是改革工资总额决定机制，具体规定有：

（三）改革工资总额确定办法。按照国家工资收入分配宏观政策要求，根据企业发展战略和薪酬策略、年度生产经营目标和经济效益，综合考虑劳动生产率提高和人工成本投入产出率、职工工资水平市场对标等情况，结合政府职能部门发布的工资指导线，合理确定年度工资总额。

（四）完善工资与效益联动机制。企业经济效益增长的，当年工资总额增长幅度可在不超过经济效益增长幅度范围内确定。其中，当年劳动生产率未提高、上年人工成本投入产出率低于行业平均水平或者上年职工平均工资明显高于全国城镇单位就业人员平均工资的，当年工资总额增长幅度应低于同期经济效益增长幅度；对主业不处于充分竞争行业和领域的企业，上年职工平均工资达到政府职能部门规定的调控水平及以上的，当年工资总额增长幅度应低于同期经济效益增长幅度，且职工平均工资增长幅度不得超过政府职能部门规定的工资增长调控目标。企业经济效益下降的，除受政策调整等非经营性因素影响外，当年工资总额原则上相应下降。其中，当年劳动生产率未下降、上年人工成本投入产出率明显优于行业平均水平或者上年职工平均工资明显低于全国城镇单位就业人员平均工资的，当年工资总额可适当少降。企业未实现国有资产保值增值的，工资总额不得增长，或者适度下降。企业按照工资与效益联动机制确定工资总额，原则上增人不增工资总额、减人不减工资总额，但发生兼并重组、新设企业或机构等情况的，可以合理增加或者减少工资总额。

（五）分类确定工资效益联动指标。根据企业功能性质定位、行业特点，科学设置联动指标，合理确定考核目标，突出不同考核重点。对主业处于充分竞争行业和领域的商业类国有企业，应主要选取利润总额（或净利润）、经济增加值、净资产收益率等反映经济效益、国有资本保值增值和市场竞争能力的指标。对主业处于关系国家安全、国民经济命脉的重要行业和关键领域、主要承担重大专项任务的商业类国有企业，在主要选取反映经济效益和国有资本保值增值指标的同时，可根据实际情况增加营业收入、任务完成率等体现服务国家战略、保障国家安全和国民经济运行、发展前瞻性战略性产业以及完成特殊任务等情况的指标。对主业以保障民生、服务社会、提供公共产品和服务为主的公益类国有企业，应主要选取反映成本控制、产品服务质量、营运效率和保障能力等情况的指标，兼顾体现经济效益和国有资本保值增值的指标。对金融类国有企业，属于开发性、政策性的，应主要选取体现服务国家战略和风险控制的指标，兼顾反映经济效益的指标；属于商业性的，应主要选取反映经济效益、资产质量和偿付能力的指标。对文化类国有企业，应同时选取反映社会效益和经济效益、国有资本保值增值的指标。劳动生产率指标一般以人均增加值、人均利润为主，根据企业实际情况，可选取人均营业收入、人均工作量等指标。

《意见》第三部分是改革工资总额管理方式，具体规定有：

（六）全面实行工资总额预算管理。工资总额预算方案由国有企业自主编制，按规定履行内部决策程序后，根据企业功能性质定位、行业特点并结合法人治理结构完善程度，分别报履行出资人职责机构备案或核准后执行。对主业处于充分竞争行业和领域的商业类国有企业，工资总额预算原则上实行备案制。其中，未建立规范董事会、法人治理结构不完善、内控机制不健全的企业，经履行出资人职责机构认定，其工资总额预算应实行核准制。对其他国有企业，工资总额预算原则上实行核准制。其中，已建立规范董事会、法人治理结构完善、内控机制健全的企业，经履行出资人职责机构同意，其工资总额预算可实行备案制。

（七）合理确定工资总额预算周期。国有企业工资总额预算一般按年度进行管理。对行业周期性特征明显、经济效益年度间波动较大或存在其他特殊情况的企业，工资总额预算可探索按周期进行管理，周期最长不超过三年，周期内的工资总额增长应符合工资与效益联动的要求。

（八）强化工资总额预算执行。国有企业应严格执行经备案或核准的工资总额预算方案。执行过程中，因企业外部环境或自身生产经营等编制预算时所依据的情况发生重大变化，需要调整工资总额预算方案的，应按规定程序进行调整。履行出资人职责机构应加强对所监管企业执行工资总额预算情况的动态监控和指导，并对预算执行结果进行清算。

《意见》第四部分是完善企业内部工资分配管理，具体规定有：

（九）完善企业内部工资总额管理制度。国有企业在经备案或核准的工资总额预算内，依法依规自主决定内部工资分配。企业应建立健全内部工资总额管理办法，根据所属企业功能性质定位、行业特点和生产经营等情况，指导所属企业科学编制工资总额预算方案，逐级落实预算执行责任，建立预算执行情况动态监控机制，确保实现工资总额预算目标。企业集团应合理确定总部工资总额预算，其职工平均工资增长幅度原则上应低于本企业全部职工平均工资增长幅度。

（十）深化企业内部分配制度改革。国有企业应建立健全以岗位工资为主的基本工资制度，以岗位价值为依据，以业绩为导向，参照劳动力市场工资价位并结合企业经济效益，通过集体协商等形式合理确定不同岗位的工资水平，向关键岗位、生产一线岗位和紧缺急需的高层次、高技能人才倾斜，合理拉开工资分配差距，调整不合理过高收入。加强全员绩效考核，使职工工资收入与其工作业绩和实际贡献紧密挂钩，切实做到能增能减。

（十一）规范企业工资列支渠道。国有企业应调整优化工资收入结构，逐步实现职工收入工资化、工资货币化、发放透明化。严格清理规范工资外收入，将所有工资性收入一律纳入工资总额管理，不得在工资总额之外以其他形式列支任何工资性支出。

第二节 国家部委指导文件

一、与三项制度改革相关的基础性文件

1. 1980 年 1 月 22 日，国务院批转国家经济委员会、财政部印发《关于国营工业企业利润留成试行办法》。

《办法》提出，利润增长部分四、六开，40%留企业，60%交国家；利润留成的使用：用于发展生产方面的不得少于百分之六十，用于职工福利和奖金方面的不得超过百分之四十。

2. 1980 年 9 月 2 日，国务院批转国家经济委员会印发《关于扩大企业自主权试点工作情况和今后意见的报告》。

《报告》要求从 1981 年起把扩大企业自主权的工作在国营工业企业中全面推开。在当时，扩大企业自主权是调动企业和职工社会主义积极性的一项重要措施。

3. 1981 年 10 月，国务院批转国家经济委员会、国务院体改办印发《关于实行工业生产经济责任制的意见》。

《意见》指出，所谓经济责任制，首先是企业对国家实行的经济责任制，然后是建立企业内部的经济责任制。从本质上看，经济责任制就是企业上缴利润的责任制，规定通过利润包干和分成等办法以保证国营企业的利润上缴数额。经济责任制可根据企业的具体情况采取基数利润留成加增长利润留成、全额利润留成、超计划利润留成、利润包干、亏损包干和以税代利自负盈亏等形式。

4. 1981 年 11 月 11 日，国务院批转国家经济委员会、国务院体制改革办公室等部门印发《关于实行工业企业经济责任制若干问题的暂行规定》。

《规定》对进一步实行和完善经济责任，提出了需要注意的一系列问题。在全国推广工业经济责任制。到 1981 年年底，实行这种经济责任制形式的企业达到 4. 2 万家。

5. 1982 年 9 月 29 日，国家劳动人事部印发《关于吸收录用干部问题的若干规定》。

《规定》指出，在编制定员内补充干部，应先由人事部门或主管机关在本地区、本部门现有干部和国家统一分配的军队转业干部中调配，或从大中专毕业生中调配解决；解决不了的，可以从工人中吸收和从社会中录用，也可以从社会上招聘。

6. 1983 年 6 月 11 日，国家劳动人事部和国家经济委员会印发《关于企业职工要求“停薪留职”问题的通知》。

《通知》认为企业的固定职工要求“停薪留职”去从事政策上允许的个体经营，对于发挥富余职工的积极性，克服企业人浮于事的现象，有一定好处。规定，凡是企业不需要的富余职工，可以允许“停薪留职”。“停薪留职”的时间一般不超过 2 年。

7. 1986 年 11 月 18 日，中共中央办公厅转发中央组织部印发《关于领导班子年轻化几个问题的通知》。

《通知》指出，领导班子年轻化应以革命化为前提，符合知识化、专业化的要求。

8. 1992 年 2 月 25 日，国家劳动部印发《关于扩大试行全员劳动合同制的通知》。

《通知》着手推行全员劳动合同制工作，明确扩大全员劳动合同制的地区、企业范围、社会保险待遇等内容，要求国营企业试行全员劳动合同制，包括企业干部、固定工人、劳动合同制个人和其他工人。明确劳动合同适用范围扩大到国家劳动工资计划指标内招用常年性工作岗位上的工人。

9. 1992 年 5 月 15 日，国家体改委等五部门印发《股份制企业试点办法》《股份有限公司规范意见》《有限责任公司规范意见》《股份制试点企业财务管理若干问题的暂行规定》等 11 个法规。

主要目的是引导股份制试点走向规范化。其中，《股份制企业试点办法》是中华人民共和国成立以来第一个关于股份制试点的全国性文件。

10. 1994 年 2 月 8 日，国家劳动部、人事部印发《〈国务院关于职工工作时间的规定〉的实施办法》。

《办法》明确中国境内的国家机关、社会团体、企业事业单位以及其他组织的职工从 1994 年 3 月 1 日起，实行每日 8 小时、平均每周工作 44 小时的工时制度。

11. 1997 年 6 月，国家体改委印发《关于发展股份合作制企业的指导意见》。

《意见》鼓励劳动合作和资本合作有机结合。这是迄今国家唯一的关于股份合作制企业改革发展的指导文件。

12. 1999 年 8 月 10 日，国家经贸委印发《国有大中型企业建立现代企业制度和加强管理的基本规范（试行）》。

《规范》主要内容有政企分开与法人治理结构、发展战略、技术创新、成本核算与成本管理、资金管理与财务会计报表管理、质量管理、营销管理、安全生产与环境保护、职工培训、加强党的建设和组织实施。

13. 2002 年 11 月 16 日，国家经贸委、财政部等八部委印发《关于国有大中型企业主辅分离、辅业改制、分流安置富余人员的实施办法》。

《办法》指出，坚持党的十五届四中全会确定的国有企业改革方向，鼓励有条件的国有大中型企业在进行结构调整、重组改制和主辅分离中，利用非主业资产、闲置资产和关闭破产企业的有效资产，改制创办面向市场、独立核算、自负盈亏的法人经济实体，多渠道分流安置企业富余人员和关闭破产企业职工，减轻社会就业压力。

14. 2003 年 12 月 31 日，劳动和社会保障部印发《关于贯彻落实中共中央、国务院发布〈关于进一步加强人才工作的决定〉、做好高技能人才培养和人才保障工作的意见》。

《意见》指出，深入学习领会《决定》精神，抓紧研究制定贯彻落实的工作措施，加快高技能人才培养，实施“三年五十万”的新技师培养计划。组织开展技能竞赛等多种形式活动，完善高技能人才选拔机制。改进技能人才评价方式，完善国家职业资格证书制度，建立高技能人才开发交流机制，促进其发挥更大作用。提高高技能人才的待遇水平，引导更多技能劳动者岗位成才。加大对高技能人才表彰奖励力度，提高他们的社会地位。建立健全人才保障机制，为各类人才创造良好的社会环境。

15. 2006 年 1 月 27 日，国务院国资委、财政部印发《关于印发〈国有控股上市公司（境外）实施股权激励试行办法〉的通知》、2006 年 9 月 30 日印发《关于印发〈国有控股上市公司（境内）实施股权激励试行办法〉的通知》。

两个《办法》分别是为深化境外、境内国有控股上市公司薪酬制度改革，构建上市公司中长期激励机制，充分调动上市公司高级管理人员和科技人员的积极性，指导和规范上市公司拟订和实施股权激励计划。

16. 2007 年 1 月 1 日，国务院国资委印发《中央企业负责人经营业绩考核暂行管理办法》。

《办法》颁布后，陆续出台了一些关于国有企业业绩经营的考核办法的补充规定，进一步完善了对国有企业经营管理者的考核激励机制，加强了对国有企业负责人的监督和控制。

17. 2008 年 9 月 16 日，国务院国资委印发《关于规范国有企业职工持股投资的意见》。

《意见》是国有企业改制引入职工持股以及国有企业职工投资本企业的关联企业方面制度文件，防止在改制过程中造成国有资产流失，影响企业发展。例如职工入股原则上限于持有本企业股权，不得持有其所在企业出资的子企业、参股企业及本集团公司所出资其他企业股权。这样规定的目的，是为了发挥职工持股的作用，促进企业发展，而不是仅仅为职工谋取福利。《意见》明确，凡文件要求职工不得持有的企业股份，企业中层以上管理人员须自《意见》印发后 1 年内转让所持股份，或者辞去所任职务。事实上，国有企业职工投资很多都是由企业组织、管理人员带头形成的，清退或转让管理人员的股权，是解决问题的关键，这样做既抓住了重点，又便于操作。

18. 2008 年 10 月 21 日，国务院国资委、财政部印发《关于规范国有控股上市公司实施股权激励制度有关问题的通知》。

《通知》是针对境内、外国有控股上市公司在探索试行股权激励制度过程中，由于外部市场环境和内部运行机制尚不健全，公司治理结构有待完善，股权激励制度尚处于试点阶段，对实施股权激励有关问题做了进一步规范。

19. 2009 年 3 月 24 日，国务院国资委印发《关于实施〈关于规范国有企业职工持股、投资的意见〉有关问题的通知》。

《通知》是针对国务院国资委《关于规范国有企业职工持股、投资的意见》印发以来，有关中央企业和地方国资委反映在执行过程中遇到一些具体问题需进一步明确而下发的通知。例如规定了需清退或转让股权的企业中层以上管理人员的范围，国有企业在改制过程中哪些违规行为需要纠正等。

20. 2009 年 9 月 16 日，国家人力资源社会保障部、中组部、监察部、财政部、审计署、国务院国资委等部门印发《关于进一步规范中央企业负责人薪酬管理的指导意见》。

《意见》主要从适用范围、规范薪酬管理的基本原则以及薪酬结构和水平、薪酬支付、补充保险和职务消费、监督管理、组织实施等方面，进一步对中央企业负责人薪酬管理做出了规范。

21. 2009 年 12 月，国务院国资委印发《国有企业干部管理办法》。

从制度上对国有企业干部管理业务进行了细致梳理，也提出了一系列要求。同时，中共中央办公厅、国务院印发了《中央企业领导人员管理暂行规定》。为深入贯彻落实《规定》，中共中央组织部、国务院国资委党委联合下发了《中央企业领导班子和领导人员综合考核评价办法（试行）》。在国有企业逐步实施企业负责人经营业绩考核制度，国有资产保值增值责任层层得到落实，国有资产监管得到加强。为规范国有企业领导人员廉洁从业行为，促进国有企业科学发展，依据国家有关法律法规和党内法规，制定了《国有企业领导人员廉洁从业若干规定》。

22. 2009 年 12 月 28 日，国务院国资委印发《中央企业负责人经营业绩考核暂行办法》。

《办法》自 2010 年 1 月 1 日起施行。《办法》规定了企业负责人经营业绩考核工作应当遵循的原则：按照国有资产保值增值和股东价值最大化以及可持续发展的要求，依法考核企业负责人经营业绩；按照企业所处的不同行业、资产经营的不同水平和主营业务等不同特点，实事求是，公开公正，实行科学的分类考核；按照权责利相统一的要求，建立企业负责人经营业绩同激励约束机制相结合的考核制度，即“业绩上、薪酬上，业绩下、薪酬下”，并作为职务任免的重要依据，建立健全科学合理、可追溯的资产经营责任制；按照科学发展观的要求，推动企业提高战略管理、价值创造、自主创新、资源节约、环境保护和安全发展水平，不断增强企业核心竞争能力和可持续发展能力；按照全面落实责任的要求，推动企业建立健全全员业绩考核体系，增强企业管控力和执行力，确保国有资产保值增值责任层层落实。

23. 2010 年 5 月 25 日，国务院国资委印发《中央企业工资总额预算管理暂行办法》。

《办法》指导中央企业进一步深化收入分配制度改革，加强收入分配调控，推动企业逐步建立健全市场化工资决定机制，正式开始在中央企业中试点工资总额预算管理制度。中央企业工资总额管理是调节国家、企业、职工三者利益关系的重要方式，同时，工资总额管理又是关乎民生福祉的重要内容，涉及中央企业广大干部职工的切身利益，历来受到各方面的高度关注。2012 年，国务院国资委还印发了《中央企业工资总额预算管理暂行办法实施细则》。2018 年 12 月 27 日，国务院国资委又发布了《中央企业工资总额管理办法》（国资委令第 39 号），明确提出按中央企业功能定位对工资总额实行分类管理，对中央企业工资总额实行分级管理，进一步完善中央企业工资总额与经济效益挂钩决定机制，进一步强调深化企业内部分配制度改革。

24. 2010 年 8 月 9 日，国务院国资委印发《中央企业全员业绩考核情况核查计分办法》。

《办法》是根据《关于印发〈关于进一步加强中央企业全员业绩考核工作的指导意见〉的通知》核查内容重点包括考核机构、考核制度、考核结果应用、监督检查、考核范围等五项。根据《中央企业负责人经营业绩考核暂行办法》第三十二条“对于全员业绩考核工作开展不力的企业，扣减经营业绩考核得分”的规定，制定计分规则。

25. 2010 年 10 月 11 日，国务院国资委印发《关于在部分中央企业开展分红权激励试点工作的通知》。

《通知》对中国核工业集团公司、中国航天科技集团公司、中国航天科工集团公司等部分央企开展分红权激励试点。试点工作将区别情况、分类指导，采取岗位分红权或者项目收益分红方式，充分调动科技和管理骨干的积极性；将激励力度与业绩持续增长挂钩，促进企业科技创新能力不断提高；把分红权激励与转变经营机制结合起来，加快推进企业内部改革。

26. 2014 年 1 月 10 日，国务院国资委印发《关于以经济增加值为核心加强中央企业价值管理的指导意见》。

《意见》是国资委落实以管资本为主加强国有资产监管的具体行动，指导中央企业进一步深化经济增加值考核，优化资源配置，提升以经济增加值为核心的价值管理水平，促进中央企业转型升级，增强核心竞争能力，加快实现做强做优、科学发展。

《意见》对价值管理的基本概念进行了解释：“经济增加值是指企业可持续的投资收益超过资本成本的盈利能力，即税后净营业利润大于资本成本的净值。经济增加值是全面考核企业经营者有效使用资本和为股东创造价值的重要工具，也是企业价值管理的基础和核心。本指导意见所称价值管理是基于经济增加值的价值管理，是以价值最大化为目标，以经济增加值管理理念、管理决策和流程再造为重点，通过价值诊断、管理提升、考核激励、监测控制等管理流程的制度化、工具化，对影响企业价值的相关因素进行控制的全

原文如下：

为深入贯彻党的十八大和十八届三中、四中、五中全会精神，落实《中共中央 国务院关于深化国有企业改革的指导意见》的要求，进一步深化中央企业劳动用工和收入分配制度改革，构建市场化劳动用工和收入分配机制，实现企业内部管理人员能上能下、员工能进能出、收入能增能减，增强中央企业活力和竞争力，现提出以下指导意见。

一、统一思想，充分认识深化劳动用工和收入分配制度改革的重要性和紧迫性

深化劳动用工和收入分配制度改革是全面深化国有企业改革的重要内容，是开展供给侧结构性改革，促进企业瘦身健体、提质增效的重要举措，是增强中央企业活力和竞争力的迫切需要。近年来，中央企业在深化改革过程中，不断完善劳动用工和收入分配制度，积极探索和实践，取得了一定成效，但是随着改革的不断深入，中央企业用工分配管理方面存在的体制机制僵化问题没有得到根本性改变，部分企业内部改革不到位，市场化选人用人机制还未真正形成，激励约束机制还不健全，内部管理人员能上不能下、员工能进不能出、收入能增不能减等问题仍然存在。当前，解决这些问题的关键是要坚持问题导向，切实推进企业内部机制转换，进一步深化中央企业劳动用工和收入分配制度改革，促进企业持续健康发展。

中央企业深化劳动用工和收入分配制度改革的核心任务是，建立与社会主义市场经济相适应、与企业功能定位

相配套的市场化劳动用工和收入分配管理体系，构建形成企业内部管理人员能上能下、员工能进能出、收入能增能减的机制，用工结构更加优化，人员配置更加高效，激励约束机制更加健全，收入分配秩序更加规范，企业市场化程度显著提高，为做强做优做大中央企业提供保障。

二、强化任职条件和考核评价，实现管理人员能上能下

（一）完善以岗位职责和任职条件为核心的管理人员职级体系。中央企业要建立健全管理人员岗位体系，明确各层级管理岗位职责和任职条件，合理使用不同层次人才。不断完善管理人员职业发展通道，为管理人员能上能下搭建平台。按照集团化管控、专业化管理、集约化运营的要求，科学调整组织结构，合理设置内设机构和配置管理人员，提高管理效率。

（二）健全以综合考核评价为基础的管理人员选拔任用机制。中央企业应当建立管理人员综合考核评价体系，以综合考核评价为基础，通过竞争上岗、公开选聘等多种方式，公开、公平、公正地选拔优秀管理人员。强化管理人员考核评价的日常监督管理，将考核评价结果与职务升降、薪酬调整紧密挂钩。对于经考核评价不能胜任工作的，应当调整岗位、降职降薪，真正做到管理人员能上能下。

（三）探索推行职业经理人制度。中央企业要扩大选人用人视野，合理增加企业内部管理人员市场化选聘比例。对市场化选聘的职业经理人，要签订聘任和绩效协议，明确聘任期限和业绩目标要求，建立与业绩考核紧密挂钩的

激励约束和引进退出机制，实现选聘市场化、管理契约化、退出制度化。

三、加强劳动用工契约化管理，实现员工能进能出

（一）全面推行公开招聘制度。中央企业要按照公开、公正、竞争、择优的原则，公开招录企业员工。要制订公开招聘办法，面向社会公开招聘，做到信息公开、过程公开和结果公开。招聘信息应当面向社会公开发布，不得设置歧视性录用条件，不得降低条件定向招录本企业员工亲属。拟录用人员有关信息应当通过适当形式在一定范围内公示，确保公开招聘工作的公平、公正，提高员工招聘质量。国家法律法规政策另有规定的，从其规定。

（二）加强劳动合同管理。中央企业应当打破身份界限，建立健全以合同管理为核心、以岗位管理为基础的市场化用工制度。要依法与员工签订劳动合同，做到劳动合同应签尽签。强化劳动合同对实现员工能进能出的重要作用，细化劳动合同期限、工作内容、劳动纪律、绩效要求以及续签、解除合同条件等条款，明确双方的权利义务。要依法规范使用劳动合同制、劳务派遣等各类用工，完善管理制度，履行法定程序，确保用工管理依法合规。

（三）构建员工正常流动机制。中央企业应当根据企业战略规划和生产经营需要，合理控制用工总量，优化人员结构，构建员工正常流动机制。要建立企业内部人力资源市场，盘活人力资源存量，提高人力资源使用效率。要畅通员工退出渠道，细化员工行为规范、劳动纪律和奖惩标准，明确劳动合同期满续签标准和员工不胜任岗位要求

的认定标准。对违法违规、违反企业规章制度或不胜任岗位要求等符合解聘条件的员工，要严格履行法律法规要求的相关程序，依法解除劳动合同。

四、推进收入分配市场化改革，实现收入能增能减

（一）加强工资总额能增能减机制建设。不断完善与财务预算和业绩考核目标挂钩的工资总额预算管理办法，健全工资效益同向联动机制，切实做到工资总额与企业效益紧密挂钩。强化全口径人工成本预算管理制度体系，逐步将工资总额以外的其他人工成本项目纳入预算管理范围，严格控制人工成本不合理增长，不断提高人工成本投入产出效率。

（二）推进与效益紧密挂钩的内部薪酬制度改革。中央企业应当根据企业实际，实行与社会主义市场经济相适应的薪酬分配制度，建立健全与劳动力市场基本适应、与企业经济效益和劳动生产力挂钩的工资决定和正常增长机制，优化薪酬结构，合理拉开收入分配差距。推进全员绩效考核，根据劳动力市场价位、人工成本承受能力、岗位价值评估和员工个人能力等因素合理确定员工薪酬，同时要与企业效益、个人绩效紧密挂钩。原则上，企业效益下降或个人绩效考核不达标时，员工薪酬应当相应下降，确保收入能增能减。要建立员工薪酬市场对标机制，结合企业薪酬战略和人工成本承受能力，逐步提高核心骨干员工薪酬的市场竞争力，同时调整不合理的偏高、过高收入，做到薪酬水平该高的高，该低的低。

（三）规范员工福利保障制度。中央企业应当结合自

身实际，统筹规范所属企业福利保障制度，加强福利项目和费用管理，严格清理规范工资外收入。社会保险、住房公积金、企业年金、福利费等国家和地方有明确政策规定的，要严格执行相关规定，不得超标准列支。已经建立企业年金制度的企业，不得提高建立年金制度前已退休人员统筹外补贴水平和临近退休人员的企业年金补偿标准。企业效益下降的，福利费不得增长，企业年金缴费标准可以适当降低；企业出现亏损的，企业年金应当暂停缴费。

五、统筹规划，积极稳妥推进中央企业劳动用工和收入分配制度改革

（一）加强组织领导。中央企业要高度重视新形势下深化劳动用工和收入分配制度改革工作，充分发挥企业党组织的政治核心作用和党员干部的先锋模范作用，发挥工会依法维护劳动者合法权益的桥梁纽带作用，切实加强组织领导。成立专项领导小组，明确主要负责人是第一责任人，建立工作制度和运行机制，以上率下切实推进改革。主动加强与地方政府和相关部门的沟通联系，为改革创造良好的环境和氛围。

（二）精心组织实施。中央企业要制定符合企业实际的深化用工分配制度改革方案，明确分阶段目标任务，提出具体改革办法和措施，完善相关配套文件。强化人力资源信息化建设、对标管理等基础工作，建立社会风险、舆情风险、法律风险评估机制。加强对所属企业的督促指导，强化企业用工分配责权利的统一，逐级落实管理责任。统筹协调与其他各项改革的关系，同步推进，重点突破，务

求实效。

（三）稳步推进改革。中央企业劳动用工和收入分配制度改革关系到员工的切身利益，在推动改革的过程中要处理好改革发展与稳定的关系。加强政策宣传和培训，引导全体员工形成改革共识，积极参与改革。要开展深入细致的思想工作，发动员工、依靠员工，形成改革合力。涉及员工利益的改革方案，应当依法履行内部民主程序。妥善解决改革过程中遇到的突出问题，积极履行社会责任，切实保障员工的合法权益，确保企业和社会和谐稳定。

中央企业推进劳动用工和收入分配制度改革的工作进展情况，要及时报送国资委。国资委将加强对企业推进改革的监督指导，及时总结企业的做法和成效，推广典型经验，引导中央企业锐意改革，务求实效，助推中央企业提质增效。

32. 2016 年 8 月 19 日，国务院国资委、财政部、中国证监会印发《关于印发〈关于国有控股混合所有制企业开展员工持股试点的意见〉的通知》。

《意见》首次就国有控股混合所有制企业开展员工持股试点提出明确要求和政策措施。国有控股混合所有制企业员工持股是指国有控股混合所有制企业根据员工意愿，合法使公司员工取得公司股票或股份并长期持有，股份权益按约定分配给员工的一种制度安排。国有控股混合所有制企业实施员工持股有利于形成利益共享、风险共担的长效激励约束机制，使员工利益与企业利益紧密结合；利于吸引和留住人才，充分调动员工积极性、主动性和创造性，更好地发挥人力资本的重要作用；进一步优化国有企业股权结构。其中，在“员工持股试点企业条件”中规定：“公司治理结构健全，建立市场化的劳动人事分配制度和业绩考核评价体系，形成管理人员能上能下、员工能进能出、收入能增能减的市场化机制。”

33. 2016 年 8 月 24 日，国务院国资委、财政部印发《关于印发〈关于完善中央企业功能分类考核的实施方案〉的通知》。

《方案》明确了不同类型国有企业的经营责任，按照企业的功能和业务特点确定了差异化的考核导向和内容。

34. 2016 年 11 月 22 日，国务院国资委印发《关于做好中央科技型企业股权和分红激励工作的通知》。

《通知》决定在中央企业及所属国有科技型企业开展股权和分红激励。股权和分红激励应当综合考虑职工岗位价值、实际贡献、承担风险和服务年限等因素，重点激励在自主创新和科技成果转化中发挥主要作用的关键核心技术、管理人员。《通知》要求，今后中央企业要以推动形成自主创新和科技成果转化的激励机制为主要目标，根据所属企业科技人才资本和技术要素贡献占比及投入产出效率等情况，合理确定实施企业范围和激励对象，建立中长期激励体系。

35. 2018 年 5 月 13 日，国务院印发《国务院关于改革国有企业工资决定机制的意见》。

《意见》明确了改革的重点内容。一是改革工资总额决定机制。改革工资总额确定办法，完善工资与效益联动机制，分类确定工资效益联动指标。二是改革工资总额管理方式。全面实行工资总额预算管理，合理确定工资总额预算周期，强化工资总额预算执行。三是完善企业内部工资分配管理。完善企业内部工资总额管理制度，深化企业内部分配制度改革，规范企业工资列支渠道。四是健全工资分配监管体制机制。加强和改进政府对国有企业工资分配的宏观指导和调控，落实履行出资人职责机构的国有企业工资分配监管职责，完善国有企业工资分配内部监督机制，建立国有企业工资分配信息公开制度，健全国有企业工资内外收入监督检查制度。

《意见》是对国有企业工资分配管理办法的重大改革，标志着既符合企业一般规律又体现国有企业特点的工资分配机制进一步健全，对充分调动国有企业职工的积极性、主动性和创造性，进一步激发国有企业创造力和提高市场竞争力，推动国有资本做强做优做大具有重要意义。

在“改革工资总额决定机制”方面的意见如下：

（一）改革工资总额确定办法。按照国家工资收入分配宏观政策要求，根据企业发展战略和薪酬策略、年度生产经营目标和经济效益，综合考虑劳动生产率提高和人工成本投入产出率、职工工资水平市场对标等情况，结合政府职能部门发布的工资指导线，合理确定年度工资总额。

（二）完善工资与效益联动机制。企业经济效益增长的，当年工资总额增长幅度可在不超过经济效益增长幅度范围内确定。其中，当年劳动生产率未提高、上年人工成本投入产出率低于行业平均水平或者上年职工平均工资明显高于全国城镇单位就业人员平均工资的，当年工资总额增长幅度应低于同期经济效益增长幅度；对主业不处于充分竞争行业和领域的企业，上年职工平均工资达到政府职能部门规定的调控水平及以上的，当年工资总额增长幅度应低于同期经济效益增长幅度，且职工平均工资增长幅度不得超过政府职能部门规定的工资增长调控目标。企业经济效益下降的，除受政策调整等非经营性因素影响外，当年工资总额原则上相应下降。其中，当年劳动生产率未下降、上年人工成本投入产出率明显优于行业平均水平或者上年职工平均工资明显低于全国城镇单位就业人员平均工资的，当年工资总额可适当少降。企业未实现国有资产保值增值的，工资总额不得增长，或者适度下降。企业按照工资与效益联动机制确定工资总额，原则上增人不增工资总额、减人不减工资总额，但发生兼并重组、新设企业或机构等情况的，可以合理增加或者减少工资总额。

（三）分类确定工资效益联动指标。根据企业功能性质定位、行业特点，科学设置联动指标，合理确定考核目标，突出不同考核重点。对主业处于充分竞争行业和领域的商业类国有企业，应主要选取利润总额（或净利润）、经济增加值、净资产收益率等反映经济效益、国有资本保值增值和市场竞争能力的指标。对主业处于关系国家安全、国民经济命脉的重要行业和关键领域、主要承担重大专项任务的商业类国有企业，在主要选取反映经济效益和国有资本保值增值指标的同时，可根据实际情况增加营业收入、任务完成率等体现服务国家战略、保障国家安全和国民经济运行、发展前瞻性战略性产业以及完成特殊任务等情况的指标。对主业以保障民生、服务社会、提供公共产品和服务为主的公益类国有企业，应主要选取反映成本控制、产品服务质量、营运效率和保障能力等情况的指标，兼顾体现经济效益和国有资本保值增值的指标。对金融类国有企业，属于开发性、政策性的，应主要选取体现服务国家战略和风险控制的指标，兼顾反映经济效益的指标；属于商业性的，应主要选取反映经济效益、资产质量和偿付能力的指标。对文化类国有企业，应同时选取反映社会效益和经济效益、国有资本保值增值的指标。劳动生产率指标一般以人均增加值、人均利润为主，根据企业实际情况，可选取人均营业收入、人均工作量等指标。

在“改革工资总额管理方式”方面的意见如下：

（一）全面实行工资总额预算管理。工资总额预算方案由国有企业自主编制，按规定履行内部决策程序后，根据企业功能性质定位、行业特点并结合法人治理结构完善程度，分别报履行出资人职责机构备案或核准后执行。对主业处于充分竞争行业和领域的商业类国有企业，工资总额预算原则上实行备案制。其中，未建立规范董事会、法人治理结构不完善、内控机制不健全的企业，经履行出资人职责机构认定，其工资总额预算应实行核准制。对其他国有企业，工资总额预算原则上实行核准制。其中，已建立规范董事会、法人治理结构完善、内控机制健全的企业，经履行出资人职责机构同意，其工资总额预算可实行备案制。

（二）合理确定工资总额预算周期。国有企业工资总额预算一般按年度进行管理。对行业周期性特征明显、经济效益年度间波动较大或存在其他特殊情况的企业，工资总额预算可探索按周期进行管理，周期最长不超过三年，周期内的工资总额增长应符合工资与效益联动的要求。

（三）强化工资总额预算执行。国有企业应严格执行经备案或核准的工资总额预算方案。执行过程中，因企业外部环境或自身生产经营等编制预算时所依据的情况发生重大变化，需要调整工资总额预算方案的，应按规定程序进行调整。履行出资人职责机构应加强对所监管企业执行工资总额预算情况的动态监控和指导，并对预算执行结果进行清算。

在“完善企业内部工资分配管理”方面的意见如下：

（一）完善企业内部工资总额管理制度。国有企业在经备案或核准的工资总额预算内，依法依规自主决定内部工资分配。企业应建立健全内部工资总额管理办法，根据所属企业功能性质定位、行业特点和生产经营等情况，指导所属企业科学编制工资总额预算方案，逐级落实预算执行责任，建立预算执行情况动态监控机制，确保实现工资总额预算目标。企业集团应合理确定总部工资总额预算，其职工平均工资增长幅度原则上应低于本企业全部职工平均工资增长幅度。

（二）深化企业内部分配制度改革。国有企业应建立健全以岗位工资为主的基本工资制度，以岗位价值为依据，以业绩为导向，参照劳动力市场工资价位并结合企业经济效益，通过集体协商等形式合理确定不同岗位的工资水平，向关键岗位、生产一线岗位和紧缺急需的高层次、高技能人才倾斜，合理拉开工资分配差距，调整不合理过高收入。加强全员绩效考核，使职工工资收入与其工作业绩和实际贡献紧密挂钩，切实做到能增能减。

（三）规范企业工资列支渠道。国有企业应调整优化工资收入结构，逐步实现职工收入工资化、工资货币化、发放透明化。严格清理规范工资外收入，将所有工资性收入一律纳入工资总额管理，不得在工资总额之外以其他形式列支任何工资性支出。

在“健全工资分配监管体制机制”方面的意见如下：

（一）加强和改进政府对国有企业工资分配的宏观指导和调控。人力资源社会保障部门负责建立企业薪酬调查和信息发布制度，定期发布不同职业的劳动力市场工资价位和行业人工成本信息；会同财政、国资监管等部门完善工资指导线制度，定期制定和发布工资指导线、非竞争类国有企业职工平均工资调控水平和工资增长调控目标。

（二）落实履行出资人职责机构的国有企业工资分配监管职责。履行出资人职责机构负责做好所监管企业工资总额预算方案的备案或核准工作，加强对所监管企业工资总额预算执行情况的动态监控和执行结果的清算，并按年度将所监管企业工资总额预算执行情况报同级人力资源社会保障部门，由人力资源社会保障部门汇总报告同级人民政府。同时，履行出资人职责机构可按规定将有关情况直接报告同级人民政府。

（三）完善国有企业工资分配内部监督机制。国有企业董事会应依照法定程序决定工资分配事项，加强对工资分配决议执行情况的监督。落实企业监事会对工资分配的监督责任。将企业职工工资收入分配情况作为厂务公开的重要内容，定期向职工公开，接受职工监督。

（四）建立国有企业工资分配信息公开制度。履行出资人职责的机构、国有企业每年定期将企业工资总额和职工平均工资水平等相关信息向社会披露，接受社会公众监督。

（五）健全国有企业工资内外收入监督检查制度。人力资源社会保障部门会同财政、国资监管等部门，定期对国有企业执行国家工资收入分配政策情况开展监督检查，及时查处违规发放工资、滥发工资外收入等行为。加强与出资人监管和审计、税务、纪检监察、巡视等监督的协同，建立工作会商和资源共享机制，提高监督效能，形成监督合力。对企业存在超提、超发工资总额及其他违规行为的，扣回违规发放的工资总额，并视违规情形对企业负责人和相关责任人员依照有关规定给予经济处罚和纪律处分；构成犯罪的，由司法机关依法追究刑事责任。

36. 2018 年 8 月，国务院国资委印发《国企改革“双百行动”工作方案》。

2018 年 3 月，国务院国资委印发《关于开展“国企改革双百行动”企业遴选工作的通知》。国务院国有企业改革领导小组办公室决定选取百家中央企业子企业和百家地方国有骨干企业（以下简称“双百企业”），在2018—2020年期间实施“国企改革双百行动”（以下简称“双百行动”）。“双百行动”有近400家企业入围，其中央企有近200家，地方国企有200多家。国资委要求入选企业于2018年9月底前按工作方案要求上报各自综合改革方案。

37. 2018年9月18日，财政部、科技部、国务院国资委印发《关于扩大国有科技型企业股权和分红激励暂行办法实施范围等有关事项的通知》。

《通知》明确将国有科技型中小企业、国有控股上市公司所出资的各级未上市科技子企业、转制院所企业投资的科技企业纳入激励实施范围。上述企业纳入实施范围后，国有科技型企业具体包括国家认定的高新技术企业、转制院所企业及所投资的科技企业、高等院校和科研院所投资的科技企业、纳入科技部“全国科技型中小企业信息库”的企业，以及国家和省级认定的科技服务机构。扩大国有科技型企业股权和分红激励暂行办法实施范围，是为了加快实施创新驱动发展战略，推动国有科技型企业建立健全激励分配机制。

38. 2019年1月，国务院国资委印发《中央企业工资总额管理办法》。

《办法》是按照《国务院关于改革国有企业工资决定机制的意见》和《中共中央、国务院关于深化国有企业改革的指导意见》《国务院办公厅关于转发国务院国资委以管资本为主推进职能转变方案的通知》要求，在继承以往有效经验和做法的基础上，对现行中央企业工资总额管理相关制度办法进行修改和完善。明确对中央企业工资总额实行分类管理、分级管理。明确规定中央企业工资总额预算主要按照效益决定、效率调整、水平调控三个环节决定。同时，对中央企业承担重大专项任务、重大科技创新项目等特殊事项的，《办法》也明确将予以适度支持。

39. 2019 年 4 月 19 日，国务院印发《国务院关于印发〈改革国有资本授权经营体制方案〉的通知》。

《通知》是贯彻落实党的十九大精神，加快推进国有资本授权经营体制改革，进一步完善国有资产管理体制，坚持以管资本为主积极推进职能转变，制定并严格执行监管权力清单和责任清单，取消、下放、授权一批工作事项，有效提升监管效能，打造充满生机活力的现代国有企业的具体举措之一。与三项制度改革有关的规定主要在对国有资本投资、运营公司开展授权放权的有关规定里，例如“推行职业经理人制度，对市场化选聘的职业经理人实行市场化薪酬分配制度，完善中长期激励机制”“支持所出资企业依法合规采用股票期权、股票增值权、限制性股票、分红权、员工持股以及其他方式开展股权激励”“工资总额和重大财务事项管理。国有资本投资、运营公司可以实行工资总额预算备案制，根据企业发展战略和薪酬策略、年度生产经营目标和经济效益，综合考虑劳动生产率提高和人工成本投入产出率、职工工资水平市场对标等情况，结合政府职能部门发布的工资指导线，编制年度工资总额预算”等明确要求。

40. 2019 年 8 月，国务院国有企业改革领导小组办公室印发《关于支持鼓励“双百企业”进一步加大改革创新力度有关事项的通知》。

《通知》针对相当部分“双百企业”存在“不想改、不敢改、不会改”的情况，遇到的共性问题，就支持鼓励“双百企业”加大改革创新力度做出进一步规定，为 2020 年完成“国企改革双百行动”和实现“在国企改革重要领域和关键环节取得决定性成果”的目标指明了方向。其中第三条提出，各中央企业和地方国资委要指导推动“双百企业”全面推行经理层成员任期制和契约化管理；支持鼓励“双百企业”按照“市场化选聘、契约化管理、差异化薪酬、市场化退出”原则，加快建立职业经理人制度，对市场化选聘的职业经理人实行市场化薪酬分配机制，并采取多种方式探索完善中长期激励机制。属于三项制度改革的事项，明确了“双百企业”是“全面”推行经理层成员任期制和契约化管理，“加快”建立职业经理人制度，传统的国企领导干部产生方式将发生根本性的改变，推动“双百企业”转换经营机制。

41. 2019 年 10 月 31 日，国务院国资委印发《关于印发〈中央企业混合所有制改革操作指引〉的通知》。

《通知》旨在稳妥有序推进中央企业混合所有制改革，促进各种所有制资本取长补短、相互促进、共同发展，夯实社会主义基本经济制度的微观基础。《通知》指出，中央企业所属各级子企业实施混合所有制改革，一般应履行以下基本操作流程：可行性研究、制定混合所有制改革方案、履行决策审批程序、开展审计评估、引进非公有资本投资者、推进企业运营机制改革。以新设企业、对外投资并购、投资入股等方式实施混合所有制改革的，履行中央企业投资管理有关程序。

42. 2019 年 12 月 27 日，国务院国有企业改革领导小组办公室印发《百户科技型企业深化市场化改革提升自主创新能力专项行动方案》。

《方案》重点推动部分中央企业和地方国有企业科技型子企业在完善公司治理、市场化选人用人、强化激励约束等方面探索创新、取得突破，打造一批国有科技型企业改革样板和自主创新尖兵。

43. 2019 年，国务院国资委印发《关于开展 2019 年中央企业三项制度改革专项行动的通知》。

《通知》进一步提出了国企三项制度改革的重点任务和工作要求，要求各企业选树改革标杆，开展对标诊断，制定改革方案，推进改革措施。

44. 2020 年 2 月 11 日，国务院国有企业改革领导小组办公室印发《“双百企业”推行经理层成员任期制和契约化管理操作指引》《“双百企业”推行职业经理人制度操作指引》。

两份《指引》都是为了完善国有企业领导人员分类分层管理制度，更好解决三项制度改革中的突出矛盾和问题，有效激发微观主体活力而制定的。一是明确了经理层成员任期制和契约化管理、职业经理人的基本概念、范围和职责。二是明确了上述工作的基本操作流程。三是明确了任期制管理、契约化管理等两个环节和市场化选聘、契约化管理、差异化薪酬、市场化退出等四个环节以及监督管理的各操作要点。

45. 2020 年，国务院国资委考核分配局印发《中央企业三项制度改革评估方案（征求意见稿）》。

《方案》提出了中央企业三项制度改革的评估方式，并对各中央企业三项制度改革成效进行了初步评估。

46. 2020 年，国务院国有企业改革领导小组办公室印发《开展“双百企业”三项制度改革专项评估有关事项的通知》。

《通知》提出了“双百企业”的三项制度改革评估指标体系，收集了各“双百企业”三项制度改革数据，拟开展对“双百企业”的三项制度改革评估工作。

47. 2021 年 1 月 19 日，国务院国有企业改革领导小组办公室印发《“双百企业”和“科改示范企业”超额利润分享机制操作指引》。

《指引》按照国企改革三年行动的有关要求，指导“双百企业”“科改示范企业”率先推进制定《超额利润分享方案》《实施细则》《兑现方案》，确定激励对象相关环节操作要点、设定与战略规划充分衔接的目标利润、超额利润分享额相关环节操作要点等相关工作，指导“双百企业”“科改示范企业”率先推进相关工作，发挥引领示范带动作用。

48. 国务院国资委印发《关于加大力度推行经理层成员任期制和契约化管理有关事项的通知》。

通过推行任期制和契约化管理，实现经理层成员职务能上能下、收入能增能减的目标，强化“干好干坏不一样”的导向，激发经理层成员的活力和创造力，提升企业市场化、现代化经营水平。同时，发挥任期制和契约化管理在推动企业内部三项制度改革中的“牛鼻子”作用，以上率下，带动企业中层及全体职工推动市场化用工制度和全员绩效考核，全面激发企业内生动力和发展活力。

49. 2021 年 6 月，国务院国资委印发《中央企业深化劳动、人事、分配三项制度改革评估办法（试行）》。

《办法》按照“制度建设、机制运行、改革成效”三大板块的评估内容、分值权重和指标口径，采取定量和定性相结合、横向和纵向相比较的方法，评估各企业 2019—2021 年的三项制度改革工作。

50. 2021 年 9 月，国务院国资委印发《中央企业董事会工作规则（试行）》。

《规则》围绕把加强党的领导和完善公司治理统一起来，对进一步加强中央企业董事会建设提出要求、做出规定。《规则》与《关于中央企业在完善公司治理中加强党的领导的意见》相配套，是全面落实习近平总书记关于坚持党对国有企业的领导必须一以贯之、建立现代企业制度必须一以贯之的重要指示要求的基本制度规范，对于加快完善中国特色现代企业制度、促进制度优势更好转化为治理效能，具有十分重要的意义。

二、三项制度改革相关文件

1. 1992 年 1 月 25 日，国家劳动部、国务院生产办公室、国家体改委、人事部、全国总工会印发《关于深化企业劳动人事、工资分配、社会保险制度改革的意见》。

《意见》指出，“从整体看，企业内部‘铁交椅’、‘铁饭碗’和‘铁工资’的弊端没有完全破除，影响了职工主人翁责任感和积极性的充分发挥。深化企业劳动人事、工资分配和社会保险制度改革，在企业内部真正形成‘干部能上能下，职工能进能出，工资能升能降’的机制，成为当前转换企业经营机制的重要任务”。文件最后指出，“深化企业劳动人事、工资分配、社会保险制度改革，是转换企业经营机制的重要内容，各有关部门要高度重视，密切配合，使各项改革措施落到实处。企业各级党组织、管理部门和群众组织，要全心全意依靠工人阶级，做好职工的思想政治工作，引导职工积极参与支持改革”。

第二条提出切实加强企业内部经济责任制，建立健全各项规章制度。企业要把承包合同规定的各项指标层层落实到车间、科室、班组和个人，要做到职权清楚，责任落实，考核严格，奖惩分明。

第三条规定改革企业人事制度，企业管理人员和技术人员要逐步实行聘任制。上级主管部门对企业的干部管理要坚持管人与管事相统一，责任与权力相统一的原则，重点是管好企业领导干部，其他干部主要由企业管理。要通过引入竞争机制，公开考核，聘任上岗，逐步打破干部和工人的身份界限。今后，企业原有固定干部身份的人员和统配人员都要实行聘任制，签订聘任合同，不符合聘任条件以及解聘人员要另行安排岗位或在厂内待业，工资、福利待遇均随岗位变动。从工人中选拔干部要严格按照国家有关规定实行聘用制，真正做到能上能下，在什么岗位，享受什么待遇。

第四条提出巩固完善劳动合同制，要坚持劳动合同制的方向，建立新型的社会主义劳动关系，保障企业和职工双方合法权益。

第五条提出逐步推行全员劳动合同制，在搞好优化（或合理）劳动组合的基础上，逐步扩大全员劳动合同制的范围。要通过全员劳动合同制，进一步打破新招合同制职工与原有固定职工、统配人员与非统配人员的身份界限。

第六条是加强工资管理，改进完善企业工资总额同经济效益挂钩方法。根据国民经济发展对企业经济效益的要求及生产经营特点，合理确定工效挂钩指标，逐步由单一指标挂钩过渡到复合指标挂钩，特别要注重国有资产保值、增值、技术进步要求和劳动生产率、资金利税率等综合经济效益指标。

第七条是落实企业内部分配自主权，贯彻按劳分配原则，克服平均主义。在国家确定的工资总额范围内，在企业自愿的基础上，逐步实行岗位技能工资制。要以岗位的劳动责任、劳动强度、劳动条件和劳动技能等要素的测评为基础，以实际劳动贡献为依据确定劳动报酬，易岗即易薪。具体分配形式和办法由企业自主决定。不论实行何种分配形式，都必须与职工劳动数量、质量紧密联系起来，合理拉开不同岗位的工资分配差距，特别是拉开苦、脏、累、险岗位、高技术岗位与一般岗位的工资差距，鼓励职工在一线生产岗位劳动。要结合价格、住房和医疗制度改革，逐步调整工资收入结构，把一部分福利补贴纳入工资，强化工资分配的激励作用。

第十一条提出加快劳动计划体制改革，落实企业用人和工资分配自主权，国家对省、自治区、直辖市和计划单列市逐步实行按相关比例调控的弹性劳动工资计划。对实行工资总额同经济效益挂钩并进行劳动制度综合配套改革的企业，在保证劳动生产率不断提高和完成各项经济指标前提下，企业可以按照“增人不增工资、减人不减工资”的原则，经过地市以上劳动行政部门批准，根据国家现行招工政策和管理办法自主招用职工，到劳动部门备案并办理招工手续。未实行工资总额同经济效益挂钩或虽实行“工效挂钩”但未实行劳动制度综合配套改革的企业，由于劳动合同制职工终止、解除劳动合同和调动等原因而造成的企业缺员，在编制定员以内经劳动部门核准，允许企业根据生产需要自行补充人员。企业因职工自然减员而造成的缺员，除劳动部门按政策适当上收集中一部分指标外，也可由企业自行补充人员。

2. 1993 年 7 月 9 日，国家劳动部、财政部、计委、体改委、经贸委印发《关于发布〈国有企业工资总额同经济效益挂钩规定〉的通知》。

《规定》分总则、经济效益指标及其基数、工资总额基数、浮动比例、工效挂钩的管理、附则六章。《规定》提出，建立健全工资总量调控机制，促进企业经营机制的转变和经济效益的提高。工资总额同经济效益挂钩目前是向社会主义市场经济体制转换过程中，确定和调控企业工资总量的主要形式。企业实行工效挂钩办法，必须坚持工资总额增长幅度低于本企业经济效益（依据实现利税计算）增长幅度、职工实际平均工资增长幅度低于本企业劳动生产率（依据净产值计算）增长幅度的原则。

第二章 经济效益指标及其基数

第五条 实行工效挂钩，应以能够综合反映企业经济效益和社会效益的指标作为挂钩指标，一般以实现利税、实现利润、上缴税利为主要挂钩指标；因企业生产经营特点不同，也可将实物（工作）量、业务量、销售收入、创汇额、收汇额以及劳动生产率、工资利税率、资本金利税率等综合经济效益指标作为复合挂钩指标。经财政部门认定的亏损企业可实行工资总额与减亏额指标挂钩，或采用新增工资按减亏的一定比例提取的办法。工资总额与税利总额严重倒挂的企业，可采取税利新增长部分按核定定额提取效益工资的办法。

第六条 要建立能够全面反映企业综合经济效益和社会效益的考核指标体系。考核指标一般包括企业承包合同完成情况、国有资产保值增值状况以及质量、消耗、安全等。要把国有资产保值增值作为否定指标，达不到考核要求的不能提取新增效益工资。其他考核指标达不到要求的，要扣减一定比例的新增效益工资。

第七条 经济效益指标基数要按照鼓励先进、鞭策后进的原则核定，既对企业自身经济效益高低、潜力大小进行纵向比较，又进行企业间的横向比较。经济效益指标基数，一般以企业上年实际完成数为基础，剔除不可比因素

企业工资总额同经济效益挂钩规定》。

3. 2000 年 11 月 6 日，国家劳动和社会保障部印发《关于印发〈进一步深化企业内部分配制度改革的指导意见〉的通知》。

《通知》要求，要深化企业内部分配制度改革，加快建立与现代企业制度相适应的工资收入分配制度，建立工资分配的激励和约束机制。

《指导意见》从建立健全企业内部工资收入分配激励机制；积极稳妥开展按生产要素分配的试点工作；加强基础管理，建立健全企业内部工资分配约束机制；进一步转变政府职能，加强对企业内部分配的指导工作四个方面就建立与现代企业制度相适应的工资收入分配制度提出指导意见。

建立健全企业内部工资收入分配激励机制有建立以岗位工资为主的基本工资制度，实行董事会、经理层成员按职责和贡献取得报酬的办法，对科技人员实行收入激励政策三个方面，其中在“建立以岗位工资为主的基本工资制度”中提出，“按照建立现代企业工资收入分配制度的要求并根据人力资源管理的特点，积极探索建立以岗位工资为主的基本工资制度。提倡推行各种形式的岗位工资制，如岗位绩效工资制、岗位薪点工资制、岗位等级工资制等。要进行科学的岗位设置、定员定额和岗位测评，做到以岗定薪。要以岗位测评为依据，参照劳动力市场工资指导价位合理确定岗位工资标准和工资差距。提高关键性管理、技术岗位和高素质短缺人才岗位的工资水平。岗位工资标准要与企业经济效益相联系，随之上下浮动。职工个人工资根据其劳动贡献大小能增能减。企业内部实行竞争上岗，人员能上能下，岗变薪变”。

“企业可以根据生产经营特点采取灵活多样的工资支付形式，如计件工资、浮动工资以及营销人员的销售收入提成等办法。无论哪一种形式，都应与职工的岗位职责、工作业绩和实际贡献挂钩，真正形成重实绩、重贡献的分配激励机制。”

“结合基本工资制度改革调整工资收入结构，使职工收入工资化、货币化、透明化。把工资总额中的部分补贴、津贴纳入岗位工资，提高岗位工资的比重。清理并取缔企业违规违纪发放的工资外收入，净化收入渠道。通过调整收入结构，提高工资占人工成本的比重。积极推行银行代发工资和企业代扣代缴个人所得税的办法。”

积极稳妥开展按生产要素分配的试点工作包括探索进行企业内部职工持股试点；积极试行技术入股，探索技术要素参与收益分配办法；具备条件的小企业可以探索试行劳动分红办法；正确处理按劳分配与按生产要素分配的关系四个方面。

加强基础管理，建立健全企业内部工资分配约束机制包括加强企业内部分配基础管理工作、实行人工成本的合理约束、职工民主参与决策和监督三个方面。

4. 2001 年 3 月 13 日，国家经贸委、人事部、劳动保障部印发《关于深化国有企业内部人事、劳动、分配制度改革的意见》。

《意见》第一次以文件形式正式提出国有企业三项制度改革。

《意见》指出，深化企业三项制度改革是当前国有企业改革和发展的紧迫任务。目标是：把深化企业三项制度改革作为规范建立现代企业制度的必备条件之一，建立与社会主义市场经济体制和现代企业制度相适应，能够充分调动广大职工积极性的企业用人和分配制度。尽快形成企业管理人员能上能下、职工能进能出、收入能增能减的机制。国家重点企业以及各省、自治区、直辖市确定的国有大中型骨干企业，要在深化三项制度改革方面走在前列，率先达到本意见的各项要求；其他企业也要积极创造条件，加快改革步伐，尽快达到本意见的各项要求。

在人事制度改革方面，《意见》要求建立管理人员竞聘上岗、能上能下的人事制度，包括调整企业组织机构；取消企业行政级别；实行管理人员竞聘上岗；加强对管理人员的考评；依据考评结果进行奖励或处罚；加强培训，切实提高管理人员素质。

在劳动制度改革方面，《意见》要求建立职工择优录用、能进能出的用工制度，包括保障企业用工自主权、规范劳动合同制度、优化劳动组织结构、推行职工竞争上岗制度、加强以岗位管理为核心的内部劳动管理、多渠道分流安置富余人员、建立和完善职工培训制度。

在分配制度改革方面，《意见》要求建立收入能增能减、有效激励的分配制度，包括实行按劳分配为主、效率优先、兼顾公平的多种分配方式，改革企业工资决定机制，完善企业内部分配办法，运用市场手段调节收入分配，调整职工收入分配结构，实行适合企业专业技术人员特点的激励和分配制度，完善对营销人员的分配办法。

原文如下：

改革国有企业内部人事、劳动、分配制度（以下简称三项制度），是充分调动职工积极性、增强企业市场竞争力的一个关键因素。为进一步贯彻党的十五届四中全会、五中全会精神，落实《国有大中型企业建立现代企业制度和加强管理的基本规范（试行）》的要求，推动企业加快建立现代企业制度、切实转换经营机制，对深化企业三项制度改革提出如下意见。

一、深化企业三项制度改革是当前国有企业改革和发展的紧迫任务

近年来，随着经济体制改革步伐加快，一些国有企业按照建立现代企业制度的要求，在三项制度改革方面进行了积极探索，取得了明显成效。但也有相当一部分企业内部改革不到位，用人制度和分配制度不适应市场经济发展的要求，企业内部竞争机制、有效激励和约束的机制没有形成，严重影响企业经营机制的转换和市场竞争力的提高。当前，要把深化企业三项制度改革作为推进国有企业改革与发展的一项重要而紧迫的任务，采取切实有效措施，加大工作力度。

深化企业三项制度改革的工作原则和要求是：做好深入、细致的宣传工作和思想政治工作，引导广大职工转变观念、提高认识，营造深化改革的舆论氛围；充分引入竞争机制，改革的方案做到公平、公正、公开，增加透明度；从实际出发，勇于实践，积极探索适合企业特点的改革方式和办法，务求实效；涉及职工利益的重大改革措施出台，要认真听取职工代表大会意见，维护职工合法权益，确保社会稳定和企业生产经营正常进行。

深化企业三项制度改革的目标是：把深化企业三项制度改革作为规范建立现代企业制度的必备条件之一，建立与社会主义市场经济体制和现代企业制度相适应，能够充分调动广大职工积极性的企业用人和分配制度。尽快形成企业管理人员能上能下、职工能进能出、收入能增能减的机制。国家重点企业以及各省、自治区、直辖市确定的国

有大中型骨干企业，要在深化三项制度改革方面走在前列，率先达到本意见的各项要求；其他企业也要积极创造条件，加快改革步伐，尽快达到本意见的各项要求。

二、建立管理人员竞聘上岗、能上能下的人事制度

（一）调整企业组织机构。改革不适应市场竞争需要的企业组织体系与管理流程。按照《中华人民共和国公司法》的要求，建立规范的法人治理结构，精减职能部门、减少管理层次、控制管理幅度，使部门之间和上下级之间做到责权明确、信息通畅、监控有力、运转高效。企业管理岗位与管理人员职数的设定，要按照精干、高效原则，从严掌握。

（二）取消企业行政级别。企业不再套用政府机关的行政级别，不再比照国家机关公务员确定管理人员的行政级别。打破“干部”和“工人”的界限，变身份管理为岗位管理。在管理岗位工作的即为管理人员。岗位发生变动后，其收入和其他待遇要按照新的岗位相应调整。

（三）实行管理人员竞聘上岗。管理人员是指企业内部担任各级行政领导职务的人员、各职能管理机构的工作人员以及各生产经营单位中专职从事管理工作的人员。除应由出资人管理和应由法定程序产生或更换的企业管理人员外，对所有管理人员都应实行公开竞争、择优聘用，也可以面向社会招聘。企业对管理人员竞聘的岗位和条件，要根据需要在尽可能大的范围内提前公布，对应聘人员严格考试或测试，公开答辩、公正评价、公示测评结果，按企业制定的竞聘办法决定聘用人员。实行领导人员亲属回

避制度，企业财务、购销、人事等重要部门的负责人，原则上不得聘用企业领导人员的近亲属。

（四）加强对管理人员的考评。企业对管理人员实行定量考核与定性评价相结合的考评制度。根据企业经营目标和岗位职责特点，确定量化的考核指标。难以实行定量考核的岗位，要根据经营业绩和工作实绩进行严格考核。对重要岗位上的管理人员要建立定期述职报告制度，并建立考评档案。考评结果的确定，以经营业绩和工作实绩考核为主，参考民主评议意见。

（五）依据考评结果进行奖励或处罚。对年度或任期内考评成绩优秀的管理人员应予以表彰或奖励；对考评成绩达不到规定要求的管理人员，要给予警示和处罚。任期内不称职的，可以通过企业的规定程序予以提前解聘。企业根据实际，可在健全考评制度的基础上，对管理人员实行淘汰制度，真正形成竞争上岗的用人机制。

（六）加强培训，切实提高管理人员素质。对关键、特殊岗位的管理人员要实行持证上岗制度，上岗前进行必要的岗位知识和技能培训。

三、建立职工择优录用、能进能出的用工制度

（一）保障企业用工自主权。企业根据生产经营需要，按照面向社会、条件公开、平等竞争、择优录用的原则，依法自主决定用工数量和招工的时间、条件、方式。除国家另有规定外，任何部门、单位或个人不得强制企业接受人员。

（二）规范劳动合同制度。企业与职工按照平等自愿、

双向选择、协商一致的原则，签订劳动合同，依法确定劳动关系。企业职工中不再有全民固定工、集体工、合同工等身份界限，所有职工的权益依法受到保护。建立健全劳动合同管理制度，完善管理手段，依法做好劳动合同变更、续订、终止、解除等各项工作，对劳动合同实行动态管理，认真履行劳动合同。职工劳动合同期满，企业应根据考核情况和企业生产经营需要，择优与职工续签劳动合同。

（三）优化劳动组织结构。根据企业生产经营需要，参照国内外同行业先进水平，科学设置职工工作岗位，测定岗位工作量，合理确定劳动定员定额标准，减员增效，不断提高劳动生产率。

（四）推行职工竞争上岗制度。企业中凡具备竞争条件的岗位都应实行竞争上岗。对在岗职工进行岗位动态考核，依据考核结果实行内部淘汰办法；对不胜任工作的人员及未竞争到岗位的人员，企业应对其进行转岗或培训；对不服从转岗分配或经培训仍不能胜任工作的职工，企业可依法与其解除劳动关系。

（五）加强以岗位管理为核心的内部劳动管理。依据国家有关法律法规和企业实际，建立健全企业内部劳动管理的配套规章制度，规范奖惩办法，严肃劳动纪律。对违反企业规章制度和劳动纪律的职工，应视情节轻重按规定予以处理；情节严重的，可以依法解除劳动关系。

（六）多渠道分流安置富余人员。富余人员较多的企业，要采取主辅分离和鼓励职工自己创办独立核算、自负盈亏的经济实体等多种途径，加快人员分流。富余人员未分流前，富余人员能够胜任的工作岗位原则上不再招用新的职工。积极采取有效措施，鼓励富余人员直接进入劳动力市场自谋职业。生产经营遇到严重困难和濒临破产的企业，可依法实行经济性裁员。

（七）建立和完善职工培训制度。企业要形成培训与考核、使用、待遇相结合的激励机制。坚持先培训后上岗的制度，大力开展职工岗前培训。对按规定必须持职业资格证书上岗的职工，应按国家职业资格标准进行培训，使其取得相应的职业资格。加强职工在岗、转岗培训，提高职工素质，增强职工创新能力。

四、建立收入能增能减、有效激励的分配制度

（一）实行按劳分配为主、效率优先、兼顾公平的多种分配方式。企业内部实行按劳分配原则，合理拉开分配档次。允许和鼓励资本、技术等生产要素参与收益分配。积极推行股份制改革，在依据有关法规政策进行规范运作的基础上，允许职工通过投资入股的方式参与分配。

（二）改革企业工资决定机制。企业职工工资水平，在国家宏观调控下由企业依据当地社会平均工资和企业经济效益自主决定。企业应严格按照国家有关工资支付的法律法规，按时支付职工工资，不得故意拖欠工资。企业应依法执行最低工资保障制度，保证职工在法定工作时间内提供正常劳动后，获取的工资报酬不低于当地政府规定的最低工资标准。

（三）完善企业内部分配办法。建立以岗位工资为主的基本工资制度，明确规定岗位职责和技能要求，实行以

岗定薪，岗变薪变。岗位工资标准要与企业经济效益相联系，随之上下浮动。允许企业采取形式多样、自主灵活的其他分配形式。无论哪一种形式，都应该坚持与职工的岗位职责、工作业绩和实际贡献直接挂钩，真正形成重实绩、重贡献的分配激励机制。

（四）运用市场手段调节收入分配。随着分配制度改革的深化，在企业内部分配上逐步引入市场机制，更好地发挥市场对企业工资分配的基础性调节作用。

（五）调整职工收入分配结构。把工资总额中的部分补贴、津贴纳入岗位工资，提高岗位工资的比重。通过调整收入结构，提高工资占人工成本的比重，充分发挥工资的激励功能。按照企业效益和职工的实际贡献，确定职工工资收入，做到奖勤罚懒、奖优罚劣。

（六）实行适合企业专业技术人员特点的激励和分配制度。对企业专业技术人员实行按岗位定酬、按任务定酬、按业绩（科技成果）定酬的分配办法。对有贡献的专业技术人员可实行项目成果奖励，技术创新和新产品商品化的新增净利润提成，技术转让以及与技术转让有关的技术开发、技术服务、技术咨询所得净收入提成，关键技术折价入股和股份奖励、股份（股票）期权等分配办法和激励形式。企业可采取特殊的工资福利措施，引进和稳定少数关键专业技术人才。对贡献突出的专业技术人才实行重奖，其奖励可在企业技术开发费中据实列支。

（七）完善对营销人员的分配办法。企业根据产品的市场状况和销售特点，确定营销人员的任务、责任和分配办法。营销人员的收入除依据其完成的销售收入量而定外，还可与其销售经营的实际回款额挂钩。对推销新产品、库存1年以上积压产品或回收逾期1年以上货款效果显著的人员应给予奖励。营销人员的奖励可在销售费用中据实列支。

五、扎实工作，积极稳妥地推进企业三项制度改革

（一）领导重视并认真组织实施。企业要把贯彻落实本意见作为当前转换经营机制、建立现代企业制度的一项重点工作，制定切合本企业实际的改革方案，并认真组织实施。各级政府行使国有资产出资人职能的机构和股份制企业的董事会，要把三项制度改革的成效作为对企业经营管理者考核的一项重要内容，加大推进力度，促进改革到位，努力取得实效。

（二）做好职工的思想政治工作。深化三项制度改革，是一项涉及职工切身利益的重要工作，也是一场深刻的经营管理革命。必须充分发挥企业党组织和工会等群众组织的作用，调动各方面积极性，有针对性地做好职工思想政治工作，引导广大职工转变观念，提高对改革必要性和紧迫性的认识，使职工理解改革、积极参与改革。同时，要保障职工的民主权利，对改革中涉及职工切身利益的重大问题，要审慎对待，认真解决。要关心职工生活，特别要关心困难职工、下岗职工和离退休职工的生活，通过多种途径，解决他们的实际困难，切实保障职工的基本生活，维护社会稳定。

（三）有关部门要支持企业推进内部改革。各地经贸

委和人事、劳动保障等部门要积极配合，加强对改革的指导，对改革中出现的一些突出问题要及时沟通研究对策，认真做好组织工作，主动为企业的改革创造条件，在全社会营造良好的改革氛围。要深入企业，帮助解决实际问题。认真总结和推广成功的典型经验，以推动企业三项制度改革不断深入。

本意见适用于国有及国有控股工业企业，其他行业的国有及国有控股企业参照执行。

5. 2009 年 10 月 16 日，国务院国资委印发《关于深化中央企业劳动用工和内部收入分配制度改革的指导意见》。

《意见》指出，中央企业是国民经济的骨干力量。深化中央企业劳动用工和内部收入分配制度改革，对确保中央企业持续健康发展具有重要意义。

在深化中央企业劳动用工制度改革方面，提出“劳动用工制度改革要建立以合同管理为核心，以岗位管理为基础的市场化用工机制。通过建立健全规章制度、优化用工结构、规范用工形式、形成流动机制等，实现企业劳动用工市场化”，以及“依法加强用工管理，强化岗位体系建设”“建立健全企业劳动规章，完善用工管理制度”“合理配置人力资源，优化用工结构”“建立健全人员进出机制，促进职工合理流动”等具体举措。

在深化中央企业内部收入分配制度改革方面，提出“中央企业内部收入分配制度改革要坚持市场化方向，坚持效益决定分配的原则，处理好效率与公平的关系，合理确定与企业竞争能力相适应的职工收入水平。规范企业内部分配行为，理顺内部收入分配关系，逐步构建增长适度、差距合理、关系和谐的收入分配格局”，以及“加强人工成本管理，完善中央企业工资总额决定机制”“强化岗位绩效管理，理顺各类人员收入分配关系”“探索生产要素按贡献参与分配方式，加大对关键人才的激励力度”“加强收入分配重大事项管理，完善职工薪酬福利体系”等具体举措。

在积极落实中央企业劳动用工和内部收入分配制度改革的各项工作方面，提出“中央企业应当充分认识劳动用工制度和内部收入分配制度改革的重要意义，高度重视，精心组织，认真抓好各项工作的落实”，以及“把握力度时机，稳步推进改革”“夯实管理基础，提高管理水平”“明确目标任务，精心组织实施”等具体举措。

6. 2009 年 10 月 16 日，国务院国资委印发《关于进一步加强中央企业全员业绩考核工作的指导意见》。

《意见》旨在督促中央企业建立健全全员业绩考核制度和组织体系，通过加强全员业绩考核工作，不断强化业绩考核的导向作用，促进企业深化内部制度改革，真正建立起管理者能上能下、员工能进能出、薪酬能高能低的有效激励约束机制。

实施全员业绩考核，是进一步完善“考核层层落实，责任层层传递，激励层层连接”的责任体系的制度保障，也是促进中央企业提升管理水平的重要手段。《意见》从建立健全业绩考核组织体系、实现考核的全方位覆盖、完善全员业绩考核方法、健全激励约束机制、加强指导和监督、不断创新全员业绩考核方法六个方面对中央企业加强全员业绩考核工作提出了具体要求。

在“真正实现考核的全方位覆盖”中，要求各中央企业切实加大业绩考核的力度、广度和深度。考核范围要涵盖从企业主要负责人到副职、职能部门管理人员，从集团公司到所属全部子企业或单位、全体员工，确保企业资产保值增值的责任和压力从上到下层层传递，真正建立起完善的业绩考核机制，彻底消除考核死角。

在“努力完善全员业绩考核办法”中，要求各中央企业针对企业所处不同行业、不同发展阶段的特点，针对管理层和部门的不同职责、员工所处的不同岗位，围绕集团公司的总体目标和发展战略，加强研究和完善业绩考核办法，科学合理地确立业绩考核指标，突出分类指导，不断增强业绩考核的导向性、针对性和实效性。

在“健全激励约束机制”中，要求各中央企业把业绩考核与薪酬激励和干部任免紧密挂钩，严格兑现奖惩，做到有目标、有记录、有评估，先考核后定绩效薪酬，赏罚分明。要合理确定业绩考核结果的分级比例，避免考核等级的平均化倾向。要高度重视业绩考核结果的反馈，提出改进方向，引导先进企业、优秀管理者和员工不断创造卓越业绩，激励后进企业、管理者和员工努力追赶先进目标。

在“不断创新全员业绩考核方法”中，要求各中央企业积极借鉴国内外先进的考核方法和理念，鼓励使用经济增加值（EVA）、平衡计分卡（BSC）、360 度反馈评价、关键绩效指标（KPI）等先进的考核方法，解放思想，开拓创新，积极应对企业改革发展和经营管理中出现的新问题和新挑战，不断探索符合本企业实际的全员业绩考核方法和途径。

第四章　部分省市代表性指导文件

企业的活力来自员工。各地三项制度改革的相关指导文件，无论是承接了党和国家的文件，还是有地方特色的指导文件，无一例外也都指向了如何疏通、搞活企业员工的流动通道。

第一节　北京、山东、东三省

一、北京

1. 1990 年 10 月，北京市印发《关于进一步搞好国营大中型企业的若干政策》。

《政策》的颁布标志着北京市开始进行以转换企业经营机制为目的，以承包经营为主体的八种经营形式的改革试点，即投入产出总承包；比照国家给予中外合资企业的政策进行改革试点；扩大对外开放，与外商合资、合作，引进资金、技术、智力和管理经验；股份制改革试点；利税分流、税后还贷改革试点；实行发展高新技术政策的改革试点；完善“两保一挂”承包经营责任制；选择一部分亏损企业实行减亏承包责任制等，简称“八条船”。

2. 1995 年 3 月，北京市印发《关于选择一批重点企业进行建立现代企业制度试点的通知》。

《通知》在北京全市选择了 138 家企业进行试点。于 1997 年确定了 190 户国有大中型骨干企业进行建立现代企业制度“三年二个目标”的试点工作。截止到 2000 年底，有 82. 8% 的企业完成改制，初步建立了现代企业制度。

3. 2021 年，北京市国资委印发《关于进一步深化劳动用工、收入分配改革的实施意见》。

《意见》要求各企业统一思想，充分认识深化劳动用工和收入分配制度改革的重要性和紧迫性；统筹规划，积极稳妥推进市属国有企业劳动用工和收入分配制度改革；进一步建立健全管理人员选用、考核和职业经理人配套管理机制，实现管理人员能上能下；完善员工社会化招聘、契约化管理和正常化流动机制，实现员工能进能出；推进收入分配市场化改革，完善工资总额预算管理机制，优化内部收入分配调节机制、健全企业负责人薪酬管理机制、探索生产要素按照贡献参与分配机制、强化职工权益保障机制、统筹规范福利保障机制，实现收入能增能减。《意见》的出台是北京市国资委贯彻落实中央、北京市委关于全面深化国资国企改革意见精神，进一步深化国有企业劳动用工、收入分配改革的任务要求的具体行动。

二、山东

1. 2008 年 8 月 14 日，山东省国资委印发《关于进一步深化省属企业三项制度改革的意见》。

文件针对山东省管企业“与市场经济条件下的现代人力资源管理要求相比还有较大差距，企业组织机构设置不科学、‘干部’观念根深蒂固、用工管理较为混乱、执行劳动合同制度不规范、薪酬分配不合理等弊端仍然存在，严重影响了企业改革发展和市场竞争力的提高”等问题，提出了“力争用三年左右的时间，推动省管企业逐步建立适应社会主义市场经济和现代企业发展规律要求的管理者能上能下、竞争择优的选人机制，员工能进能出、市场化选择的用工机制，收入分配能增能减、绩效挂钩的薪酬激励机制”的总体目标。

在“以竞聘上岗为重点，健全能上能下的人事管理制度”方面的具体意见是：

（一）优化企业组织机构。依据《公司法》，健全以产权关系为纽带的母子公司管理体制，完善法人治理结构，建立现代企业制度。按照省国资委《关于省管企业清理整合所属企业的意见》要求，减少管理层级，实现母子公司之间信息畅通、监管到位、运转高效。2010 年底前，省管企业的法人管理层次原则上控制在三层以内。同时，要按照精简高效原则，参照同行业优秀标杆企业的做法，梳理业务流程，明确岗位职责，制定科学的定岗定员方案，优化企业内设机构，合理配置管理人员。

（二）建立市场化选聘经营管理者机制。加大公开招聘企业经营管理者和内部竞争上岗工作的力度。从 2009 年开始，省管企业无论从本企业内部选拔还是需要面向社会招聘各级管理岗位的人员，都要按照“公开、平等、竞争、择优”的原则，采取竞争方式进行。要根据选拔范围，公开竞争上岗职位、任职条件、职位职责与要求、选拔程序、薪酬待遇、考核办法等，自觉接受本企业员工和社会各界的监督。

通过企业内部竞争上岗、公开招聘等方式选拔的企业经营管理者，实行任期制，按规定签订聘用合同，聘用合同期满，终止聘用关系。要严格按照职位职责和工作目标要求对聘用的经营管理者进行考核，经考核未能按照出资人或董事会要求履行职责，或履行职责能力较差的，要及时依法依规解聘。

（三）完善绩效考核机制。企业要结合经营发展目标和岗位职责特点，引进关键业绩指标、平衡记分卡等先进的绩效考核理念，制定定性与定量相结合、以可量化为主的绩效考核指标，将绩效考核指标分解落实到各级经营管理岗位。企业应与部门负责人签订业绩合同，重要岗位上的管理人员要建立定期述职报告制度。要建立考评档案，考评结果作为企业管理人员任免、奖惩、培训、调整、交流的重要依据。

在“以劳动关系契约化为基础，规范劳动用工制度”方面的具体意见是：

（一）依法规范劳动合同。企业要严格依照《中华人民共和国劳动合同法》等法律法规的规定与员工按照平等自愿、双向选择、协商一致的原则，签订劳动合同。通过签订、继续履行、变更、解除或终止劳动合同等方式，规范与员工的劳动关系，建立以劳动合同为核心的劳动管理制度。同时，企业应建立职工名册备查。

（二）全面清理离岗人员。企业应依法全面清理停薪留职、挂名挂靠等各种离岗人员。

对原签订停薪留职协议未到期的人员，企业应以书面形式通知本人限期回企业参加竞聘上岗或根据情况重新安排工作。限期内不回企业的停薪留职人员，按协议和有关法律法规及时进行清理。

对于名义上挂靠单位，从来没有为企业提供正常劳动且企业未支付劳动报酬的挂名挂靠人员，无论企业是否为其办理过相关手续（如调动手续、入职手续）、是否为其缴纳社会保险费（即使企业出资），均认定为空挂人员。企业应按照协议和有关法律进行清理。

在“以收入分配市场化为方向，逐步建立能增能减的薪酬分配制度”方面的具体意见：

（一）建立科学完善的内部岗位价值体系。企业要根据自身战略发展规划及生产经营需要，采用科学的岗位评估方法，对全部岗位进行价值评估和量化评分，确定岗位之间的相对价值关系，建立本企业科学的岗位价值体系。同时，可聘请中介机构，协助企业分析现状，开展市场调研，参照同行业、同区域人力资源市场薪酬水平，制定符合企业实际的薪酬方案，并跟踪掌握薪酬市场的变化情况，及时调整薪酬管理措施。

（二）健全以岗位绩效工资为主要内容的基本工资制度。改革企业现行工资构成，优化工资结构，简化工资项目，取消或合并平均发放的工资单元，增大岗位工资的比重，形成以岗位工资为主体的岗位绩效工资制。提高关键性管理、技术岗位和高素质短缺人才的工资水平，在分配上拉开关键岗位与一般岗位的差距。

在岗位绩效工资制的基础上，选择灵活多样的薪酬分配形式：对经营管理者试行年薪制；对专业技术人员实行按岗位、按项目、按业绩确定报酬的工资收入分配制度；对销售人员可采用佣金制和底薪制相结合的方法来设计薪酬方案；对于急需的特殊人才、稀缺人才可试行协议工资。

企业制定薪酬分配制度，应当听取企业工会和职代会的意见，并向全体员工公布，依照法定程序规范操作。

（三）试行工资总额预算管理。企业应当按照国家收入分配政策规定和出资人的调控要求，根据企业效益、人工成本承受能力和劳动力市场定位，对企业职工工资总额和员工工资水平及增长做出预算安排并进行规范管理。鼓励具备条件的省管企业将年度工资总额预算纳入企业全面预算管理体系中，建立以工资总额预算目标为中心的管理体系。

2. 2011 年 1 月 5 日，山东省国资委印发《关于进一步深化省管企业劳动用工和薪酬分配制度改革的指导意见》。

《意见》提出的改革目标是：在完成2008—2010年劳动用工和薪酬分配制度改革任期考核任务的基础上，力争再用三年左右时间，全面建立以劳动合同管理为核心、以岗位管理为基础、以竞聘上岗为主要形式的市场化用工机制，基本形成与岗位责任和绩效考核密切挂钩、与劳动力市场价位有机衔接的市场化分配机制。

在“进一步深化省管企业劳动用工制度改革”方面的具体意见是：

（一）健全完善用工制度，依法加强用工管理。健全并持续优化劳动定额管理、劳动合同管理、劳动安全卫生、保险福利、绩效考核、劳动纪律等企业劳动规章制度，依法做好履行民主程序和公示告知工作，增强制度的规范性和可操作性。坚持和完善全员劳动合同制，通过依法签订合同，明确企业与各类用工之间的权利、义务和责任，按照合同约定加强企业各类用工管理。

（二）优化企业用工结构，合理控制用工总量。根据行业竞争特点和企业实际需要，确定不同岗位的用工形式，理顺各类用工关系，优化企业用工结构。依法使用劳务派遣用工，合理使用非全日制用工，积极探索社会合作和业务外包等多种用工形式。根据企业发展战略要求，参照国内外同行业先进水平，不断优化企业劳动定员定额标准，通过持续提高人均劳动生产率，主动加强人工成本管理，合理控制用工总量。

（三）加强岗位体系建设，促进职工合理流动。加快建立适应市场要求及企业发展的岗位体系，在优化组织架构和业务流程的基础上，按照精简高效原则进行岗位设置，明确岗位职责，细化上岗条件，完善岗位说明书。同时，加强岗位动态管理，按照公开公平、竞争择优原则，对现有在岗职工积极推行竞聘上岗，对新进职工原则上实行公开招聘，并主要根据全员业绩考核结果确定职工的进出留转，促进职工合理流动和有序进出机制的形成。

在“进一步深化省管企业薪酬分配制度改革”方面的具体意见是：

（一）完善工资总额调控机制，加强企业人工成本管理。坚持效益决定分配的原则，进一步完善工资总额预算管理制度，合理确定企业工资总额和工资水平。加强企业人工成本总量调控，探索建立人工成本预算管理制度，逐步实现由工资总额预算管理向人工成本预算管理的转变，促进人工成本增长与企业竞争力提高相适应。

（二）强化岗位绩效管理，优化岗位绩效工资制度。突出岗位绩效工资制作为企业基本工资制度的主导地位，积极探索符合企业不同岗位实际的其他分配形式。扎实做好岗位分析、岗位评价工作，动态优化岗位价值序列及工资序列划分。参照劳动力市场价位合理确定岗位工资水平，并根据企业在市场竞争中所处的地位和发展阶段合理调整。按照简化项目、优化结构、宽带薪酬的方向，优化完善岗位绩效工资制度，突出岗位工资与绩效工资的主体地位。加强全员业绩考核，考核结果与绩效工资紧密挂钩。

（三）加大对关键人才激励力度，理顺各类人员收入分配关系。根据企业发展战略、行业特点和职工承受程度，对关键性管理人才、技术骨干和高素质短缺人才探索实施中长期激励。在坚持效益导向的前提下，逐步理顺企业内部各类人员的收入分配关系。推动关键人才与一般岗位人员工资水平逐步与市场价位接轨，努力提高一线职工工资水平，严格落实同工同酬原则和最低工资保障制度。加强集团总部职工工资管理，合理控制集团总部职工与权属企业职工之间、企业负责人与一线职工之间的收入差距，逐步构建增长适度、差距合理、关系和谐的收入分配格局。

（四）完善职工薪酬福利体系，规范企业内部收入分配秩序。推动有条件的企业规范实施企业年金制度，充分发挥年金的保障和激励作用。按照市场化、货币化方向推进企业职工福利制度改革，统筹考虑企业内部各类人员福利待遇水平，妥善解决历史遗留问题。企业建立实施的薪酬分配制度、中长期激励制度、年金制度等重大收入分配事项，应事先报省国资委审核或备案，并依照法定程序听取企业工会、职工代表大会或全体职工的意见。

3. 2019 年，山东省国资委印发《关于印发山东省省属企业负责人经营业绩考核办法的通知》。

对省属企业负责人实施经营业绩考核，创新省属企业收入分配制度改革。考核办法拓展了考核内容，实现经营绩效考核、新旧动能转换考核和党建考核三位一体，考核结果与企业负责人薪酬直接挂钩。在考核内容上，突出高质量发展导向——考核指标分为基本指标、个性化指标、限制性指标。基本指标中设置净利润、归属母公司所有者的净利润、净资产收益率（不含少数股东权益）和经济增加值4项指标。针对企业自身经营管理的短板，“一企一策”。确定三年考核任期，并分解到年度。还在考核导向上注重保护企业家精神，按照“三个区分开来”的原则，对有关事项在考核中适当考虑。

4. 2019年8月，山东省国资委印发《关于全面深化省属企业劳动人事分配三项制度改革专项行动方案》。

《方案》旨在推动省属企业全面深化劳动人事分配三项制度改革，加快构建市场化选人用人和激励约束机制。

5. 2020年，山东省国资委印发《加快推进省属企业深化三项制度改革专项行动方案落实落地的意见》。

《意见》及相关配套措施，明确三项制度改革年度攻坚举措，制定时间表、路线图、责任人。

6. 2022年11月，省国资委印发《山东省国资委关于建立省属企业三项制度改革长效机制的意见》。

《意见》对三项制度改革涉及的12类事项进行系统归纳，明确了省属企业推进“三能”常态化运行的长效目标和具体举措。

7. 2003年7月11日，山东省人民政府印发《关于深化省属国有企业改革的意见》。

用三年左右时间，基本完成省属国有企业公司制改革和产权制度改革，除国家规定的专营企业、涉及国家安全的企业实行国有独资，资源性重点企业、支柱产业中的骨干企业以及投资公司实行国有控股外，其他企业中的国有资本退到参股地位或全部退出；劣势国有企业退出市场；上市公司国有股调整到平均30%左右；国有大中型企业基本完成主辅分离、辅业改制；健全企业产权交易市场；建立管资产和管人、管事相结合的省级国有资产管理体制。

8. 山东省国有资产监督管理委员会印发《关于进一步规范全省国有企业改制工作的意见》。

《意见》从正确把握国有企业改制的原则、严格执行国有企业改制的程序、依法规范处理国有企业改制过程中的有关问题、加强对国有企业改制工作的组织领导和监督检查等方面提出要求。

9. 山东省人民政府印发《关于加快转变经济发展方式加强国有资产监管深化国有企业改革的意见》。

《意见》进一步健全山东国有资产监管组织体系，并充分肯定了近年来山东国资国企工作取得的成绩，明确了今后一个时期国资国企改革发展的方向、目标、重点和措施。

10. 山东省国资委印发《关于省管企业改革有关问题的通知》。

《通知》就企业改革行为的管理权限、企业改革方案的制定及报送、企业改革重点环节工作、对企业改革工作的组织领导和监督检查等，进一步做出明确和规范。

三、东三省

1. 2021 年 2 月，黑龙江省国资委印发《黑龙江省国企改革三年行动实施方案（2020—2022 年）》。

《方案》计划用三年左右时间着力解决黑龙江省国有企业资产不优、活力不足、历史遗留问题多等问题，补短板、强弱项，通过改革让国有企业真正成为市场竞争主体。《方案》坚持改革与发展同向，进一步明确全省国企改革任务、时间表、路线图，通过三年有针对性的改革，不断做强做优做大国有资本和国有企业，力争成为黑龙江全面振兴和实现高质量发展的重要支柱力量。

2. 2022 年 5 月 12 日，哈尔滨市国资委印发《哈尔滨市国资委出资企业深化劳动、人事、分配三项制度改革评估工作方案》。

采取定性评估与定量评估相结合的方式进行，通过评价、评分、评级，推广经验，推动整改，标志着哈尔滨市国资委出资企业三项制度改革评估工作正式启动。此次评估旨在检验出资企业制度建设的规范性、完备性和适用性；检验“三能”机制运行的效果和效率；检验在人工成本、经济效益和运行保障等方面的改革成效。通过系统评估，挖掘典型、交流经验、补齐短板、形成机制，推动改革进一步深化，助力出资企业迈向高质量发展。

3. 2018 年 12 月 14 日，吉林省人民政府印发《关于改革国有企业工资决定机制的实施意见》。

制定该《意见》的主要目的是建立健全与劳动力市场基本适应、与企业经济效益和劳动生产率相挂钩的工资决定机制，加强对国有企业收入分配宏观调控，深化收入分配制度改革，充分调动国有企业职工的积极性、主动性、创造性，增强国有企业活力，提升国有企业效率，推动国有资本做强做优做大。

4. 2019 年 9 月，吉林省委、省政府印发《吉林省关于加快推进厂办大集体改革工作的实施意见》《吉林市厂办大集体改革实施细则》。

2019 年，吉林省委、省政府决定在全省范围内全面实施厂办大集体改革，形成“1 + 5”政策文件体系。

5. 吉林省委深化机构改革工作领导小组印发《吉林省机构改革方案》。

《方案》是党中央、国务院于 2018 年批准的机构改革方案，标志着吉林省机构改革工作进入实质性操作阶段。根据方案，吉林省共设置党政机构60个。党委机构17个，其中，纪检监察机关1个，工作机关13个（副厅级1个），工作机关管理的机关（规格为副厅级）3个。政府机构43个，其中，省政府办公厅和组成部门25个，直属特设机构1个，直属机构12个，部门管理机构（规格为副厅级）5个。

6. 2020年，吉林省政府办公厅印发《吉林省关于全面推进国有企业混合所有制改革实施方案》。

吉林省在推进国企混改的过程中，始终坚持原则，守住底线，规范性操作，前瞻性指导，强化混改过程中企业的主体责任，全面放开竞争类企业各层级国有股权。今后国有资本出资新设的竞争类企业，原则上都要实行混合所有制。混改不是为混而混，而是积极引入高匹配度、高认同感、高协同性的战略投资者。同时借助混改转换经营机制，着力在“改”上下功夫，混改不能一混了之，只混不改。目的是通过混改，使企业合理设计调整股权结构，科学界定国有股东与混合所有制企业的权责边界，探索建立科学高效的差异化管控模式。同时，落实董事会职权、市场化选聘经理层、薪酬分配差异化改革、员工持股等一系列工作，努力放大改革乘数效应。

《方案》提出，计划利用三年左右时间，推动省属国有企业混改比例达到全国第一梯队水平，使市属国有企业混改比例不低于全国中游水平。2020年2月—2022年8月分四个阶段实施。重点通过加强与域外央企、民企等合资合作，争取通过落实政策措施支持，强化工作措施保障等推动国有企业混合所有制改革。

7. 2017年10月13日，辽宁省人民政府办公厅印发《辽宁省国有企业公司制改制工作实施方案》。

《方案》的总体目标是到2022年，杨浦区国资国企改革发展取得新的突破，国有企业党的建设推进有力，国资布局结构优化升级，市场化经营机制进一步形成，监管效率明显提升，国有经济竞争力、创新力、控制力、影响力和抗风险能力显著提高。推动1家市场竞争类区管企业深度转换经营机制，改组设立1—2家国有资本投资、运营平台，形成一套以管资本为主的、适应分类改革和统一监管规则要求的国资国企管理制度体系。

其中，在“完善国有企业市场化经营机制，健全长效激励约束机制”中提出，“强化国有企业市场主体地位，建立反应灵敏、运行高效、充满活力的市场化经营机制，深化劳动、人事、分配三项制度改革，构建与市场规则相适应的长效激励约束机制，进一步激发企业活力”。具体措施有四个：

（一）健全市场化经营机制。改变行政化管理思维和管理方式，强化资本纽带关系，切实维护企业法人财产权和经营自主权。贯彻落实政府购买服务制度，鼓励国有企业有序参与市场竞争。加大协调推进力度，帮助企业解决制约市场化发展的历史遗留问题。摸清不同类别资产底数，理顺资产关系。探索对不同类别业务分类核算收入和成本。对提供公共产品和服务的国有企业，建立科学合理、稳定可靠、公开透明的补偿机制。全力推进国有企业退休人员社会化管理工作，到2021年完成主体工作。

（二）完善企业领导人员任期制、契约化管理。健全企业领导人员长效激励约束制度，优化任期管理制度设计，签订任期目标责任书，按照约定严格考核、实施聘任、兑现薪酬。优化企业领导人员薪酬分配体系，强化业绩考核和激励水平“双对标”，探索更符合实际的国有企业领导人员薪酬分配制度。支持符合条件的企业按照“市场化选聘、契约化管理、差异化薪酬、市场化退出”原则，加快探索建立职业经理人制度，严选择优聘任、严格业绩考核、严谨薪酬对标、严肃薪酬纪律、严明退出要求、严密组织实施，进一步扩大选人用人视野。

（三）深化企业薪酬分配制度改革。深化国有企业工资决定机制改革，对符合条件的区管企业落实工资总额备案管理。支持区属企业结合实际情况，综合运用多种激励工具有效激发员工内生动力。对暂不具备股权激励条件的企业，鼓励以价值创造为导向，聚焦关键岗位核心人才，建立超额利润分享机制。鼓励创新业务领域的企业，按照风险共担、利益共享原则实施跟投。国有创投企业建立市场化运作机制，在完善跟投机制前提下可采用估值报告，实行事后备案制度；允许事前约定股权退出。鼓励企业约定职务发明中知识产权归属，建立利益分享机制。严格薪酬福利合规管理，加强工资内外收入监督检查，建立健全企业职工薪酬福利费用管理制度。

（四）建立符合区属企业特点的市场化人才机制。推动国有企业健全公开、平等、竞争、择优的市场化招聘制度，实行有利于吸引和留住关键岗位核心人才的政策。推动区属企业编制人才发展规划，建立人才库，统筹推进引领性人才、支撑性人才、青年人才、产业工人人才队伍建设。搭建干部挂职培养平台和交流任用平台，深入推进干部人才交流，重点抓好企业创新转型发展急需的经营管理人才、专技人才、高技能人才、青年人才和党建人才队伍建设。发挥好劳模、大师工作室作用，探索符合技术性人才特点的管理制度。

二、浙江

1. 2016 年，浙江省印发《省属国有资本布局结构调整优化实施方案》。

《方案》是调整优化浙江省属国有经济结构，促进企业做强做优主业，加快瘦身健体，进一步提升省属企业发展质量和效益的指导性文件。

2. 2014 年 9 月，浙江省委、省政府印发《关于进一步深化国有企业改革的意见》。

《意见》首次指导浙江国企分类推进混合所有制改革。

3. 2018 年，浙江省国资委印发《关于省属企业进一步深化混合所有制改革有关事项的通知》。

《通知》对浙江深化国有企业混合所有制改革提出更加明确的要求，强调“三因三宜三不”的原则，按照功能定位分类推进，功能类企业应该保持国有全资或者绝对控股，竞争类企业鼓励引入其他国有资本或各类非国有资本实现股权多元化，有条件的企业可推进集团整体上市或核心资产上市。同时注重混改工作与其他工作的衔接性，如“凤凰计划”、国资布局调整、压缩层级减少管理单位等工作。为了推进混改的实施，要求企业集团制定混改工作计划。

三、江苏

2019年，江苏省国资委印发《关于推动省属企业落实三项重点改革工作的通知》。

《通知》明确，在省属企业推动企业经理层成员任期制和契约化管理制度，同时，支持鼓励“双百企业”加快建立职业经理人制度，支持鼓励省属企业在商业一类二级子企业中加快推行职业经理人制度。

第三节 珠三角地区

广东

1. 1999年10月22日，广东省委办公厅、广东省人民政府办公厅印发《关于深化国有企业领导人员管理体制改革的实施办法》和《广东省省属国有资产经营公司管理暂行办法》的通知。

该实施办法明确规定，取消企业的行政级别，企业领导人员的待遇与原行政级别脱钩；试行董事长和总经理年薪制，用红股或股份期权奖励有特殊贡献的企业经营者等。行政级别取消后，可根据企业资产、营业额、利税等主要指标建立新的企业分类分级制度，企业类别、级别每两年界定一次，实行动态管理；企业领导人员的待遇与原行政级别脱钩。

在激励机制方面，实施办法指出：企业经营者的收入要与企业资产规模、经营效益挂钩，根据企业经营的业绩、难度和风险合理确定；董事长和总经理可试行年薪制；鼓励企业经营者持有本企业股份，非上市企业的经营者可以个人名义，通过增注企业资本金、购买企业股份等方式持有本企业股份；对经营效益显著、经营者贡献大的企业，可按有关规定，以现金、股份或补充养老保险等形式，奖励有突出贡献的企业经营者；参照国际惯例，对有特殊贡献的董事长和总经理可奖励一定的红股或股份期权，任期届满经审计和考核合格并经批准方可兑现，任期内因决策或个人因素给企业造成直接经济损失、未实现任期目标的，视情况扣除所奖励的股份或股票期权。

2. 深圳市国资委印发《市属国有企业深化劳动人事分配制度改革实施意见》和《关于规范市属国有企业劳动关系的意见》。

《意见》为深圳市国企三项制度改革提供了政策依据。

3. 2022 年 8 月，佛山市国资委印发《推动国资国企改革促进国资国企高质量发展的实施方案》。

《方案》要求佛山国企健全市场化经营机制，具体举措有三项：深化市场化选人用人机制改革、深化薪酬分配机制改革、构建中长期激励约束机制。具体的内容如：实行内部培养和外部引进相结合，构建有利于优秀人才脱颖而出的选人用人机制。完善配套制度，紧抓任期和契约管理，健全刚性考核、结果强制分布及末等调整和不胜任退出机制，实现企业管理人员“能上能下”、员工“能进能出”，同时深化薪酬分配机制改革，推进薪酬“能增能减”，构建中长期激励约束机制。

《方案》的推出标志着佛山启动了新一轮国资国企改革。在这一轮改革中，佛山出台《推动国资国企改革促进国资国企高质量发展的实施方案》，成体系地重构佛山国资“四梁八柱”。作为佛山国有资本和国有企业做强做优做大的“头号种子”，佛山市投资控股集团有限公司、佛山市工贸集团有限公司、佛山市交通投资集团有限公司、佛山市地铁集团有限公司、佛山市建设发展集团有限公司、佛山市食品物资集团有限公司、佛山市人才发展集团有限公司、佛山市医药集团有限公司八大市属企业集团集中揭牌亮相。

第四节　华中华西地区

一、湖北

1. 2011 年 5 月 26 日，湖北省第十一届人民代表大会常务委员会通过《湖北省企业国有资产监督管理条例》。

《条例》立足本省实际，在以下四个方面进行了有益的探索和创新：

一是拓展了企业国有资产范围。《条例》规定的国有资产范围，不仅包括湖北省各级政府出资的国有独资企业、国有独资公司、国有资本控股公司、国有资本参股公司中的国有资产，而且还包括行政单位、财政全额拨款的事业单位投资的企业或者经济实体的国有资产，以及各级人民政府授权履行出资人职责的机构管理的其他国有资产。

二是明确了国资监管机构作为直属特设机构承担“全覆盖监管”的职责。《条例》规定，“省、市（州）人民政府国有资产监督管理机构，作为本级人民政府的直属特设机构，根据本级人民政府的授权，代表本级人民政府统一履行国有资产出资人职责”，以此赋予国资监管机构在履行出资人职责方面具有专门性、统一性和唯一性的地位。此外，《条例》还要求“县级人民政府应当授权一个部门或者机构代表本级人民政府履行国有资产出资人职责。具备条件的县级人民政府，可以设置独立的国有资产监督管理机构，根据本级人民政府的授权，履行国有资产出资人职责”。

三是建立了文化企业国有资产“统一纳入、委托管理”的体制。《条例》规定，“履行出资人职责的机构履行文化企业国有资产出资人职责，负责国有资产基础管理工作，委托有关部门对文化企业的国有资产实施具体监督管理”。

四是细化了国有资本经营预算制度。《条例》将“本级人民政府调入的收入”列入国有资本经营预算收入，拓展了国有资本经营预算收入的范围。同时，将国有资本经营预算支出范围明确为“国家出资企业改革成本支出和履行出资人职责的机构的监管费用支出”“对国家出资企业和重点产业的资本性投入”等，进一步体现了国有资本经营预算支出主要用于国有经济布局和结构的战略性调整、推动国有企业改革和发展的原则。

因《条例》为全国首创，国务院国资委于 2011 年 6 月 24 日予以转发。

2. 2018 年 11 月 11 日，湖北省人民政府印发《关于改革国有企业工资决定机制的实施意见》。

《意见》是对《国务院关于改革国有企业工资决定机制的意见》的贯彻落实，包括改革工资总额决定机制、改革工资总额管理方式、加强企业内部工资分配管理、健全工资分配监管体制机制等。

3. 2014 年 6 月 18 日，中共湖北省委湖北省人民政府印发《关于深化国有企业改革的意见》。

《意见》是对《中共中央关于全面深化改革若干重大问题的决定》和《中共湖北省委关于深入贯彻党的十八届三中全会精神全面深化改革的意见》的贯彻落实。

《意见》规划到2020 年的主要任务。一是大力推进国有企业产权多元化，在现代产权制度的基础上建立起现代企业制度。二是运营好国有资本，优化国有经济布局，提高国有资本配置效率。三是围绕主要管资本完善国有资产监管体制，转变国有资产监管方式。四是切实做好国有企业与其他市场主体特别是与非公有制企业、非公有资本混合、融合的文章，真正做到你中有我、我中有你，取长补短，增强我省经济的整体活力和可持续发展能力，提高区域经济整体市场化程度。

二、湖南

1. 1995 年 6 月 28 日，湖南省人民政府印发《关于深化国有工业企业改革有关问题的通知》。

《通知》根据株洲市“优化资本结构，增强企业实力”和 52 户企业建制改革试点工作的经验，给出了深化湖南国企改革的 34 条政策。这些政策涉及建立增加企业自有生产经营资金机制、分流企业富余人员，分离企业办社会职能、企业兼并联合破产，加速企业结构调整、国有小型企业改革。《意见》的后九条是给予株洲市和 52 户建制企业试点“所得税后利润全部留在企业”的特殊优惠政策。

1995 年，长沙被国务院确定为全国优化资本结构改革试点城市，自此开启长沙国有企业改革的序幕。

2.1999年11月30日，中共长沙市委、长沙市人民政府印发《关于加快国有企业改革和发展若干问题的意见》。

《意见》在当地俗称“29号文件”“国企40条”，提出了“谁投资谁所有、谁积累谁所有”的企业资产处置原则，要求企业实行两个置换——通过产权转让，置换企业的国有性质，解除企业对政府的依赖关系；通过一次性补偿，置换职工的全民身份，解除职工对企业的依赖关系，让职工走向市场。正是在这份“红头文件”的催动下，以“两个置换”为主要手段的长沙国企改革悄然开幕。长沙市成立了国企改革和发展领导小组，要求除极少数企业需要采取国有独资形式外，绝大多数国有企业都要对原来单一的产权股权进行重组。

3.2004年5月5日，中共湖南省委、湖南省人民政府印发《关于深化省属国有企业改革的指导意见》。

《意见》提出用三年左右的时间，基本完成省属国有企业改革任务。一是按发展壮大一批、改制搞活一批、关闭破产一批的思路，对省属国有资本和企业进行战略性调整，重点培育一批国有控股的大公司、大集团。二是全面推进企业产权制度改革，引进民资、外资尤其是战略合作伙伴，发展混合所有制经济，实现产权主体多元化。三是完善企业法人治理结构，初步建立适应社会主义市场经济体制要求的现代企业制度。四是建立健全国有资产管理和监督体制，促进省属国有企业实现国有资本保值增值。五是完成省属国有企业主辅分离和辅业改制、分离办社会职能。

三、四川

1.2014年5月21日，四川省人民政府办公厅印发《全面深化省属企业内部劳动人事分配三项制度改革方案》。

《方案》提出了“2014 年全面启动深化省属企业三项制度改革，2017 年完成。省属企业员工能进能出、管理人员能上能下、收入能增能减的机制全部建立，劳动用工和人事分配与市场全面接轨，员工队伍整体素质明显提高，省属国有企业的活力和竞争力明显增强。其中，2014 年能投集团、化工控股、川商集团、川旅集团、有色科技集团、富润公司、物流股份 7 户企业三项制度改革工作基本完成，其余企业 2017 年前全面完成”的改革目标。具体改革内容有：

（一）深化劳动制度改革，建立员工择优录用、能进能出的用工制度。建立市场化用工机制。优化岗位体系建设。建立员工竞争上岗机制。依法规范劳动关系。2014 年底前，企业依法对劳动关系进行清理，通过签订、继续履行、变更、解除或终止劳动合同等方式，多渠道分流安置富余人员。建立健全员工培训制度。

（二）深化人事制度改革，建立管理人员竞聘上岗、能上能下的人事制度。优化企业组织架构。建立管理人员竞聘上岗机制。加强对管理人员的考评。建立奖惩机制。

（三）深化分配制度改革，建立收入能增能减、有效激励的分配制度。加强人工成本管理。完善企业薪酬管理制度。合理设定薪酬结构。运用市场手段调节收入分配。加大对关键人才的激励力度。

2. 2018 年 4 月 18 日，成都市人民政府办公厅印发《关于进一步深化市属国有企业内部劳动人事分配制度改革的指导意见》。

《意见》的出台是为了促进成都的市属国有企业转换经营机制，实现企业内部劳动、人事、分配“三项制度”与市场机制体制接轨，不断提高经营效率，实现高质量发展。目标是2018年底前，员工能进能出、管理人员能上能下、收入能增能减的制度建设基本完成，企业内部“三项制度”与市场机制体制全面接轨；到2020年底，企业用工结构更加优化，人员配置更加高效，激励约束机制更加健全，收入分配秩序更加规范，员工队伍整体素质明显提高，企业的活力和竞争力显著增强。

《意见》的第一项举措是“大力推进企业瘦身健体、精兵简政”，包括精简管理层级、优化内设机构设置、严控管理人员配备、科学设定人员总量。第二项举措是“加强劳动用工契约化管理，实现员工能进能出”，包括全面推行公开招聘制度、加强劳动合同管理。第三项举措是“推进人事制度改革，实现管理人员能上能下”，包括建立公开选聘机制、加强考核评价。第四项举措是“以绩效为导向推进收入分配市场化改革，实现收入能增能减”，包括进一步完善工资总额决定机制、企业负责人实行差异化的薪酬分配制度、实行以岗定薪绩效导向的薪酬分配制度、积极探索符合高层次专业人才的收入分配制度、完善薪酬分配约束监督机制、规范员工福利保障制度等。

第五章　“干部能上能下”的改革实践

以中国式现代化全面推进中华民族伟大复兴，需要一大批能够体现国家实力和国际竞争力、引领全球科技和行业发展的一流企业做支撑，迫切需要具有爱国之心、报国之志、勇担使命、对党忠诚、勇于创新、治企有方、兴企有为、清正廉洁的领导干部队伍，迫切需要具有专业能力、专业知识、专业思维和专业精神的一流人才队伍支撑。这就要求国有企业更加注重完善人才结构，培育多层次的高素质专业化、堪当民族复兴重任的干部人才队伍。

国有企业必须打破“铁交椅”，形成管理人员能上能下机制，推行任期制、契约化和末等调整、不胜任退出，推行管理人员选聘竞聘，强化考核结果刚性运用，建立多序列并行的晋升渠道，以高素质、专业化干部队伍赋能国有企业做强做优做大。

第一节　改革管控模式以减少管理人员比重

国企的管控模式是指集团总部通过对下属企业的部门设置、流程设计以及文化传播等领域的集分权程度差异设置，以影响其战略、营销、财务、经营运作等方面的内容，最终达成组织整体目标的策略。改革管控模式可以减少管理层级，提高管理效率，减少管理人员数量。

一、案例：国家管网集团优化组织架构和治理模式

国家石油天然气管网集团有限公司（以下简称“国家管网”）山东省公司在深入实施国有企业改革深化提升行动中，积极推进区域运维资源及内部管理机构整合融合，持续优化组织架构和治理模式，探索开展“省公司—作业区”两级管理改革。

具体做法是：国家管网山东省公司以县（区）为基本单位，设置23个作业区，直接管理到现场；专业技术人员全部下沉一线，集中管理、统一调配。通过扁平化管理改革，山东省公司整体用工效率较改革前提高31%，全员劳动生产率同比增长21%，单公里运维成本下降14%，自动化通信自主运维率和关键设备自主保养率提升至100%，安全生产异常事件同比减少87%，企业主责主业更加突出，核心能力更加强化，效益效率明显提升。

二、案例：保利集团“小总部、大产业、市场化、专业化”

中国保利集团根据国有资本投资公司功能定位，按照“小总部、大产业、市场化、专业化”的理念，实行总部机构改革，总部现有11个职能部门、3个直属单位、93名人员，进一步强化资本“融投管收”闭环管理。

【案例点评】组织结构决定效率

国企的组织结构是企业内各部门的分工协作以及决策划分体系，在一定程度上决定了企业的运作效率和发展模式。

三、案例：广东九为以“授权制”为核心落实差异化管控

广东九为工程安全科技股份有限公司（以下简称“广东九为”），成立于2020年4月，由佛山市交通发展有限公司、天津九为科技有限公司、佛山市交盈产业投资合伙企业（有限合伙）共同投资成立，是行业首家混合所有制股份企业。国资与民营股东优势互补，相互合作，布局全国新型建筑安全支护市场。但是，企业也出现了决策效率与市场竞争下的快速响应能力之间的差距。例如，盘扣式脚手架等新型建筑安全支护体系物资租赁市场竞争激烈，对企业的快速响应和资源分配能力要求比较高，但是广东九为股东会决策、董事会决策以及国资监管等层面仍存在决策流程过长等问题，一定程度上影响了广东九为的市场化竞争，由此倒逼广东九为创新建立了以“授权制”为核心的差异化管控体系。

以“授权制”为核心的差异化管控关键在于通过“三个转变”，实现以价值赋能为导向的治理型管控。

1. 完善治理结构，由“上级管控”向“股东赋能”转变，强化

市场化法人主体地位。

（1）增强股东会作为混改企业最高权力机构的地位意识。一是明确股东会是公司的最高权力机构。国有股东依照有关法律法规和公司章程履行股东职责，实现国有资本保值增值，不干预企业日常经营活动。股东会主要依据法律法规和公司章程，通过委派或更换董事、监事（不含职工代表），审核批准董事会、监事会年度工作报告，批准公司财务预决算、利润分配方案等方式，对董事会、监事会以及董事、监事的履职情况进行评价和监督。二是明确股东权限，加大对混改企业的授权放权力度。国有股东原则上通过混改企业股东会行使股东权限，充分尊重混合所有制企业自主经营的各项权利，包括选人用人、薪酬激励、预算管理等。加大对混改企业的授权放权力度，可管可不管的不管，可放可不放的要放，对于确需管控的事项应与非公经济股东进行充分沟通，达成协商一致。对于预算制定事项，重点管控预算管理指标体系的设定等；对于投资管理事项，重点管控混改企业的非主业投资计划、重点项目等，对于主业内且不超过企业上一年度经审计净资产10%的投资计划，原则上由混改企业股东会决策，不再向集团报批；对于风险防控事项，重点制定混改企业的风险管理标准等。实现决策合理前移，充分落实由“上级”向“股东”转变，促使企业治理能力和治理效能进一步提升。三是强化公司章程的基础作用。进一步完善公司章程的内容，加强对公司章程的管理，党委会、股东会、董事会、经理层的权责划分及决策方式应在公司章程中得到充分体现，有关监管内容也应依法纳入公司章程。

（2）发挥董事会作为日常决策机构在企业中的核心作用。一是明确董事会是公司的日常决策机构。二是优化董事会结构，增设独立董事。三是加强董事队伍建设，强化对董事的考核与激励。

（3）压实经理层在公司运作中的经营责任。一是明确经理层是公司的执行机构。二是明确董事会对经理层的选聘和考核职责。三是制定董事会向经理层授权管理制度。制定董事会授权经理层决策事项清单，可分为常规性授权和一般性授权。常规性授权是指董事会以授权清单的形式授权经理层行使一定范围或额度内的人事权、财权和事权等经营管理职权；一般性授权是指除常规性授权外，董事会根据实际工作需要，将专项事项以董事会决议的方式予以明确授权。但法律规定必须由董事会行使的法定职权、需提交股东大会决定的事项等不可授权给其他主体行使。

（4）充分发挥党组织在公司经营中的作用。企业党建要充分融入生产经营。在分清党委和党支部在公司经营中的不同作用及其作用发挥的基础上，党支部更为强调党建与生产经营的深度融合。例如，强化“把党员培养成业务骨干，把业务骨干发展成党员”的导向，围绕企业生产经营中的重点、难点开展攻关，使党的工作融入经营、服务发展。

2. 制定议事规则，由“议而不决”向“议必决，决必行，行必果”转变，提高市场化主体决策效率。

（1）完善股东会议事规则，明确股权代表的人员选择、决策能力和行权方式。

（2）完善董事会议事规则，明确股权董事的决策能力、行权方式和风险意识。

3. 健全激励机制，由“行动听指挥”向“现场总指挥”转变，激活市场化企业经营活力。

4. 完善以监事会为中心的监督体系。

展能力为出发点，明确分公司运营管控目标。例如，保生产目标是，提高设备巡检、日常保养及临时故障处理及时性，提升设备大中修质量和效率，保障设备完好，服务科研生产；增效益目标是，统筹全年任务，充分利用现有资源开拓外部市场，逐步改善存量任务当量成本，开源降本，提升经济效益；强能力目标是，系统梳理设备维修技术现状与发展趋势，找准突破点，打造专业化、特色化修理能力，提升自主维修和数字化管理能力。二是明确分公司管理原则。基于分公司管控模式要点，以及分公司与生产厂和子公司重点事项管理区别，明确对分公司管理原则。例如，订单驱动原则是，建立总、分公司之间以合同为纽带、以订单为载体的市场化契约关系，明确任务、进度、价格、权责等，形成内部市场机制，引导分公司持续提升业务能力；自主经营原则是，充分赋予分公司经营管理权限，激发经营管理主观能动性，建立灵活、高效的内部管理机制，引导分公司持续开展市场化改革。三是分公司运营管控模式设计总体思路。例如，坚持市场化运营的基本原则，构建业务管理、财务管理、评价与激励、授权与监督相结合的“四位一体”运营管理体系，支撑分公司平稳健康运营，实现阶段性改革目标。四是设计分公司业务管理体系。建立内外部业务协同发展的业务管理体系，通过契约履行，推动技术能力和市场开拓能力提升。以任务需求、合同订单、客户评价为主线，规范内部业务管理内容、管理职责与流程，推动业务管理由计划模式向市场化运营模式转变。五是设计分公司财务管理体系。建立独立财务核算体系，通过预算、结算、核算环节，真实体现分公司经营成果。以内部价格为基础、外部市场价格为参照，推动双轨制价格机制运行，验证内部价格合理性，通过动态调整，实现内部结算价格与外部市场价格有效衔接。六是设计分公司评价与激励体系。建立考核结果与激励联动的评价与激励体系，调动分公司优质经营主动性。聚焦改革目标与主体责任，科学设定经营业绩评价指标；统筹总、分公司利益诉求，建立工效挂钩激励机制，引导分公司聚力发展，实现共赢。

【案例点评】市场化管控模式激发产业链内生动力

沈飞公司的探索为分公司机制改革提供了参考范式，设计了分公司运营管理体系架构、价格管理模式、配套文件体系，为公司后续实施其他单位分公司机制改革模式提供了参考范本。提出了双轨制价格管理体系建设思路，为内部价格与外部市场价格有效衔接，稳妥推进改革单位逐步走向市场提供了解决思路。通过对动力运行保障和设备维保两类业务的工业服务社会化改革探索，创新管控模式、建立契约关系与市场价格结算体系、推行市场化经营机制改革，不但激发了分公司内生动力和员工活力，更有助于保障总公司主价值链效率提升。

第二节　给“干部能上能下”提供市场化渠道

2013 年，党的十八届三中全会通过的《中共中央关于全面深化改革若干重大问题的决定》中提出：“健全协调运转、有效制衡的公司法人治理结构。建立职业经理人制度，更好发挥企业家作用。”之后，在落实会议精神中，采取了一系列配套措施，坚持党管干部原则与市场化选聘、建立职业经理人制度相结合的有效途径，扩大选人用人视野，合理增加市场化选聘比例，实行内部培养和外部引进理人制度试点工作，持续推动国企改革三年行动的具体举措。党的十八届三中全会明确提出建立职业经理人制度，更好发挥企业家作用。国有企业在完善法人治理结构和坚持“党管干部”原则的同时，要完善人才发现、人才流动、人才使用的配套制度，实现改革的目的。

三、案例：华菱集团建立模拟职业经理人机制

湖南华菱钢铁集团有限责任公司（以下简称“华菱集团”）是1997年底联合湖南三大钢铁企业——湖南湘潭钢铁集团有限公司、湖南涟源钢铁集团有限公司、湖南衡阳钢管（集团）有限公司联合组建的大型企业集团，是湖南省最大的国有企业，也是湖南省首家营业收入过千亿元的企业。2016年，全行业陷入整体亏损，华菱集团的发展也面临财务负担重、持续亏损、激励机制不活、劳动生产率低、运营效率差等一些突出矛盾和问题。为使企业早日扭亏脱困，华菱集团一直在绩效激励“科学化”、薪酬分配“市场化”上进行探索与改革，持续完善企业管理手段，促进体制机制市场化，充分调动各级员工的积极性，不断优化完善现代企业制度，构建适应集团化管理的体制和机制。其中，建立模拟职业经理人机制，实行“强激励，硬约束”，极大地促进了企业内生活力的迸发。

华菱集团过去也从市场上引进过一些职业经理人，但由于各方面的原因大多半途而废。通过总结反思，华菱集团在借鉴职业经理机制的基础上建立了“模拟职业经理机制”，主要特点是借鉴了职业经理人“管理契约化”“身份市场化”“强激励硬约束”的理念，但同时考虑到了华菱集团“以奋斗者为本”的精神，妥善解决完善了市场化职业经理人的一些不足与弊端，建立了适合目前企业发展特

点、文化的“模拟职业经理机制”。

具体做法是：当集团出现经理人岗位空缺时，落实“公开选聘、民主评议、综合测评、择优录用、评估淘汰”的选聘程序。规范选聘流程，以“客观、实用”为原则，建立一套完整的经理人选聘评价体系。

华菱集团作为湖南省第一大国有企业，通过60多年发展积淀，各类人才相对充足，因此首先从集团内部公开遴选经理人，但也不拘泥于集团内部，当内部人才缺乏时，也将目光投向集团外部，真正做到“不拘一格降人才”。相对来说，内部产生的经理人对企业情况更熟悉，更认可企业文化，对企业忠诚度更高，隐性成本低。

华菱集团通过模拟“职业经理人”机制，坚持经理层“年度综合考核、不称职淘汰”机制，“不称职淘汰”经理人比例保持在每年5%左右，绩效不优的否决绩效薪酬，经理人“能上能下、能多能少、能进能出”机制有效形成，经理层的压力得到有效传递，积极性与创造性得到有效发挥，企业的发展得到切实的保障，极大地促进了企业内生活力的迸发。

【案例点评】市场化经营机制需要职业经理人

经理人作为企业高层管理的中坚人才，为企业提供经营管理服务并承担企业资产保值增值责任，是企业做强做优做大的重要影响因素。同时，作为国有企业改革的重要组成部分，职业经理人制度改革正在大范围加速推进。引进职业经理人并实行有效管理，是国有企业激发活力、提升效益的重要抓手。但在实际操作过程中，受宏观政策、外部市场及企业文化的因素影响，职业经理人要在传统国有企业内部生根发芽还面临诸多困难，需要营造职业经理人制度的社会环境，建立职业经理人才市场。

四、案例：中材国际探索推行职业经理人制度

中国中材国际工程股份有限公司（以下简称“中材国际”）是国务院国资委所属、世界500强企业中国建材集团有限公司（以下简称“中国建材集团”）旗下上市公司，是国资委“双百行动”试点企业，是国家高新技术企业、国家技术创新示范企业及制造业单项冠军示范企业。为进一步激发经营管理人员活力和动力，持续深化市场化经营水平，中材国际在全面推行任期制和契约化基础上，选取市场化程度较高的所属二级单位安徽节源开展职业经理人试点，并在具备条件的企业进行推广。

1. 全面推行市场化选聘。在职数设置上契合公司业务发展需要，围绕试点企业业务发展方向，优化调整班子职数和分工，明确了“1名总经理+4名副总经理+1名总会计师”的职数设置，现有班子全体起立，100%实现市场化选聘。在条件设置上注重市场导向，坚持五湖四海、选贤任能，采取公开招聘、内部竞聘、猎头推荐等多种方式公开遴选。在选聘管理上严格把关，试点企业董事会全体成员全过程参与选聘工作，对简历筛选、综合考评、背景调查等重要环节亲自把关，确保选聘程序规范、有序。在人选确定上实行差额考察。依据综合考评结果，每个岗位选取2名候选人进行考察，由试点企业董事会最终确定聘任人选，有效落实董事会选聘经理层成员的职权。在选聘效果上实现了高管团队更新换代，6个选聘岗位中有5个实现了人选的重新匹配，原有高管人员转为非管理岗位，高管团队的年龄及学历结构进一步优化。

2. 切实强化契约化管理。严格执行任期制，明确职业经理人聘期，届满刚性考核，到期重聘或解聘。明确并细化岗位职责及分工，

“一岗一责一表”签订劳动合同、聘任合同、年度和任期经营业绩考核责任书。以战略目标为导向，结合试点单位历史业绩、行业可比业绩等，合理确定年度和任期考核目标，提高挑战性和科学性。

3. 有效落实差异化薪酬。在内外部“业绩 + 薪酬”双对标的基础上，通过协商确定职业经理人的薪酬水平。建立业绩与薪酬强挂钩的薪酬分配机制，合理拉开经理层成员薪酬差距。丰富职业经理人薪酬结构，实现短期激励与中长期相结合，促使职业经理人个人利益与企业长远健康发展紧密联系，形成利益共同体。

4. 刚性实施市场化退出。坚持从市场中来、到市场中去，建立完善职业经理人退出机制，以考核结果为基础，明确 9 项退出条件，强化底线意识，及时解聘存在履约不力、经营不善、管理不强等情形的职业经理人。

【案例点评】 市场化选聘职业经理人的一般做法

随着国企改革的持续深化，以及“双百企业”改革的不断推进，越来越多的国有企业开始推行职业经理人制度，市场化选聘职业经理人。市场化选聘职业经理人以及合理增加市场化选聘经理层比例是国有企业推行职业经理人制度的必要前提，也是核心内容。一般流程是：

1. 定标准。上级国资委党委对选聘的岗位和标准、选聘工作方案进行审批和把关，企业党委会同董事会制定具体工作方案，明确选聘岗位的工作职责、任职条件，实施测评、组织考察等与市场化选聘工作的有关内容。一般来说，在整个经理层进行市场化选聘职业经理人是比较适宜的方式。

2. 定企业。推行职业经理人制度、选聘职业经理人的企业要符合以下条件：一是企业的法人治理结构比较健全。二是企业内部管理制度完备。三是企业处于充分竞争领域，市场化程度很高。

3. 有组织。为了保证市场化选聘工作的顺利开展，市场化选聘职业经理人的主体要成立相应的组织机构。由党组织会同董事会成员成立市场化选聘工作领导小组，负责制定市场化选聘职业经理人工作实施方案，确定工作规范和流程，并报上级党委、国资委等有关部门批复或备案。

4. 圈范围。国有企业可以提前酝酿并采取多种招聘渠道汇聚企业外部人才，例如选用专业人才招聘网站和平面媒体，公众号推广、国资委系统推广等方式；还可以根据选聘职位的层级选择专业猎头公司、中介机构推荐，国资委系统企业推荐，职业经理人才数据库查询，行业内知名人士寻访等方式。职业经理人的内部培养也是职业经理人产生的重要渠道。

5. 重考评。招聘公告的发布内容力求全面，时间设置尽可能合理，主要应包括企业简介、岗位职责、任职条件、薪酬待遇、选聘程序、管理模式等内容。在考评阶段，通常采取心理测验、管理能力测验、职业知识和能力的笔试、半结构化面试以及无领导小组讨论等考评方式。由于测评对象是高级经营管理者，心理测验通常会选用情绪智力测验、工作价值观测验、领导风格测验和管理人格测验等测量工具。最后，可以通过组织考察对候选人以往的工作经历、实际业绩以及政治素养和现实表现等方面进行比较全面的调查和了解。

6. 定责任。通过市场化选聘产生的国有企业职业经理人（包括总经理、副总经理等）是国有企业推行职业经理人制度的第一步，在完成选聘程序后，加强对职业经理人的监督和管理，是发挥职业经理人的作用和效能、巩固选聘成果的重要保障。企业要根据自身的行业特点、发展战略和规划等因素制定职业经理人绩效、薪酬、退出等管理办法，与职业经理人签订“三书”，即劳动合同书、聘任合同书、经营业绩目标责任书，规范职业经理人的日常管理，同时进一步完善法人治理结构，健全董事会职权，清晰界定职业经理人的权、责、利，在充分授权的同时，严格监督和退出程序，建立激励约束机制，确保对职业经理人实施“契约化管理、差异化薪酬、市场化退出”。

第三节 给“干部能上能下”提供依据

在新一轮国资国企改革中，经理层人员任期制和契约化管理，是国家重点强调的改革举措。2015 年，中央层面明确了推行企业经理层成员任期制和契约化管理，明确责任、权利、义务，严格任期管理和目标考核，是建立国有企业领导人员分类分层管理的制度抓手。2019 年，国家进一步提出鼓励“双百企业”进一步加大改革创新力度，要求各中央企业和地方国资委要指导推动“双百企业”，全面推行经理层成员任期制和契约化管理。建立多序列并行的晋升渠道，有效实现员工纵向晋升、横向流动。

一、案例：南航集团任期制和契约化管理

南航集团实行经理层契约化、用工制度市场化、激励机制长期化，通过董事会与新任经理层签订业绩合同与聘任协议，实现任期制和契约化管理，推动“干部能上能下”。具体做法是：

一是调整加强改革领导机构，单独设置深化改革领导小组办公室，以国企改革三年行动为突破口，聚焦重点领域，创新改革举措，全面加大改革力度。

二是完善制度，推进公司治理改革。落实“两个一以贯之”，在完善公司治理中加强党的领导，明确集团党组前置研究的 8 大类 22 项重要事项，充分发挥党委（党组）把方向、管大局、促落实的领导作用。做强做实集团和股份两级董事会，落实董事会职权，规范董事会运作，保障董事会“定战略、作决策、防风险”的作用，不断提升公司治理的规范性和有效性。

三是牵“牛鼻子”，推行任期制和契约化管理。拓展改革范围，将非子企业范围的 30 多家二级单位纳入改革范围，签约覆盖率超过 90%。实施“一企一策”“一人一表”差异化考核，量化指标占比超过 90%。分层分类建立差异化薪酬弹性机制，经理层年薪最高水平从原标准年薪的 1.2 倍升至 3 倍及以上，最低水平从 85% 降至 35%。在子企业实施员工持股、超额利润分享、岗位分红、项目分红、科技成果转化激励等，覆盖人群约 800 人。2020 年 12 月 12 日，南航集团召开两户“双百企业”经理层公开选聘动员会，按照党管干部与董事会依法选择经营管理者相结合的原则，正式拉开在南航全集团范围内公开选聘“双百企业”经理层人选的序幕。两家“双百企业”原有经理层人员全体起立，积极参与到此次公开选聘过程中，以实际行动拥护支持改革，推动管理人员择优选拔。此次公开选聘 10 个岗位（总经理 2 人/副总经理 8 人），共 50 人报名。12 月 30 日，两家“双百企业”董事会与新任经理层签订业绩合同与聘任协议，在南航二级单位率先实现任期制和契约化管理。通过“刚性”管理，以契约形式明确经理层管理人员任期内的权、责、利，建立解聘退出机制，合理拉开薪酬差距，破解管理难题。南航集团在“双百企业”和“科改示范企业”试点基础上，以点带面逐步推广，到 2022 年实现任期制契约化管理全覆盖。

四是加大力度，全面深化三项制度改革。制定《干部退出办法》，大力推行管理人员竞争上岗、末等调整和不胜任退出。去年，新任职管理干部中竞争上岗、公开选聘比例达 34.4%，调整退出党组直管干部 13 人，管理层以上干部退出比例为 5.1%，高于央企 4% 的平均值，总部职能部门管理层及以下 212 名管理人员全部起立重新竞聘，退出 114 人。持续优化二级单位工资总额决定机制，实现“增人不增资、减人不减资”和“谁创造，谁分享”，去年一线员工人均薪酬增幅最大差距超过 2 倍，相同职级薪酬待遇最大差距超过 3 倍。通过调整人力资源结构、加大对投入产出较低业务板块的人力资源外包力度以及借用、挂职、兼职等手段进一步盘活内部人力市场。

五是以混促改，深化混合所有制改革。完成集团股权多元化改革，引入广东省和广州市、深圳市 300 亿元投资，成为首家通过央地合作模式实现股权多元化的大型央企集团。完成物流公司、通航公司“双百行动”混改，加快推进“双百”“科改”企业综合改革。通过推进员工持股，实现激励机制长期化。2021 年，两家“双百”企业全员劳动生产率分别同比提升 16%、22%，科改企业科技成果转化收入同比提升 30%，三家企业利润总额同比分别增长 48.8%、40%、36%。

六是精简高效，开展“总部机关化”问题专项整改。完成集团和股份公司两级班子和两级机关整合，机关部门由 36 个压减到 17 个，形成了统一的领导体制和决策机制，决策更快、效率更高、制度更规范。大力推进“总部机关化”问题专项整改，总部职能部门压减19%，内设机构和管理人员数量分别压减57%和54%，推动专项整改向45家二级单位全面贯穿。

2019年至2022年成为南航历史上改革力度最大、改革成效最显著的时期之一。

二、案例：中化能源推行干部任期制和契约化管理

中化能源股份有限公司（以下简称“中化能源”）是中国中化集团有限公司（以下简称“中化集团”）下属企业，是中化集团能源业务的主要经营载体，涵盖中化集团境内外主要能源业务及资产，依托60余年从事石油业务积累的基础，形成了以炼化和石化一体化业务为支点、汇聚多项协同业务的产业格局，主要运营石油贸易、石油炼化、仓储物流、石化销售和能源科技五大业务，是一家创新成长的石油石化产业运营商及综合服务商，并致力于成为“中国能源行业变革的引领者”。作为“双百企业”，从2016年起，中化能源在混合所有制改革、强化激励约束机制等重要领域深化改革并取得显著成效，发挥了尖兵示范作用。主要改革举措是以混改为突破口，带动体制机制市场化变革，尤其是在探索市场化经营机制，激发员工活力动力方面积累的做法值得借鉴。

一是建立一体化职级与薪酬体系。中化能源深入分析人力资源管理的痛点问题，对标行业内外优秀企业，研究形成了一体化职级与薪酬体系方案并发布实施，明确建立了“管理、专业、技能”三大序列员工的职级划分及对应关系，切实打通专业序列和技能序列员工发展通道，并配套搭建形成了与岗位体系相适应的一体化薪酬体系，引导组织氛围从“公司发钱”向“员工挣钱”转变，明确了

中化能源下属各单位岗位的薪级、薪档的对应和运行规则，大幅度提高了管理的标准化程度，为员工真正实现多通道职业发展奠定了坚实基础。

二是推进干部任期制和契约化管理。为促进干部科学化、制度化流动，中化能源按照《双百企业推行经理层成员任期制和契约化管理操作指引》的要求，对核心管理团队推行任期制和契约化管理，研究形成了任期管理工作方案，明确了任职年限、导入方式、目标管理、考核评价及结果应用等管理原则，优化和完善了干部竞争性选拔及退出机制；突破经理人考核评价的瓶颈环节，形成科学的任期综合考核办法，并与任期内组织绩效刚性挂钩，引导干部着眼整体，谋划长远；明确考核结果在薪酬激励以及岗位任用两方面的刚性应用规则，促进“能上能下”落到实处。

三是探索中长期激励机制。以逐步走向资本市场为背景，中化能源于2020年初启动中长期激励体系建设工作，通过有效激励手段促进核心管理团队与公司利益长期共享、风险共担，支撑公司高质量发展。同时，选取能源科技智慧供应链业务，探索员工持股，推动“石化行业＋互联网”创新转型，寻找行业颠覆性的创新机会。

通过推进经理层任期制和契约化管理，中化能源真正建立“干部能上能下”的流动机制；探索建立中长期激励约束机制，促进核心管理团队与公司利益相统一；通过一体化职级与薪酬体系的建立，有效攻克了员工发展路径不清的瓶颈顽疾，实现从“管理晋升导向”为主向“职业发展导向”为主的多元化人才发展模式的转变，让大家“各得其所”“各尽其能”“各展其才”。同时，逐渐深化了由“公司发钱”转变为“员工挣钱”的薪酬理念，形成与转型目标相匹配的薪酬激励机制。

三、案例：中粮集团全面实施经理层任期制和契约化管理

中粮集团是农粮“国家队”和首批国有资本投资公司改革试点企业，2019 年以来，紧扣劳动、人事、分配这三项制度的改革要点，健全市场化经营机制，全面推行市场化选人用人、市场化考核、市场化激励约束机制，坚决破除利益固化的藩篱，按照市场化原则优化资本配置，真正实现了管理人员能上能下、能进能出，收入能增能减，大大增强了企业的发展动力、活力和创造力。其中，非常重要的一个举措就是全面推进了经理层任期制和契约化管理。具体做法是：

1. 制订发展规划，开展任期目标责任制试点。2019 年，中粮集团制定了三年高质量发展规划，率先在业务模式清晰、管控关系明确、发展目标具有挑战性的 10 家子企业中实施了三年任期目标责任制，“一企一策”地设定业绩目标门槛值和挑战值，做到了“高目标、强激励、硬约束”，推动冲刺高质量发展目标。首个三年任期经营目标责任制的实施，有效激发了干部队伍干事创业的激情，10 家试点公司中超半数达成挑战值，助力集团提前一年实现了 200 亿元挑战目标，至 2021 年中粮集团的利润总额达到 238 亿元，较任期前增长 85%。

2. 在集团内制定并推行领导人员能上能下、考核评价、任期目标责任制、职业经理人制等“7 + 1”制度体系。从 2020 年到 2022 的三年间，中粮集团上下 2000 多名经理层人员签订了任期目标责任书，以三年为一个任期，立下军令状，明确责、权、利，以实绩定去留，树立起“有为才有位”的鲜明导向。

3. 及时跟进扩大任期目标责任制范围。在对各级经理层成员全

面推行任期制的基础上，中粮集团还探索将董事长、党组织书记、党组织副书记、纪委书记及职能部门负责人纳入实施范围，全面签订了“两书一协议”，展开了“刀刃向内”的改革。

4. 定责与引入同步进行。在此过程中，中粮集团以契约化为依托，坚持实施公开透明、平等竞争、择优选用的市场化招聘制度，执行全员劳动合同制，以法律形式确定劳动关系，从而打破“铁饭碗”，取消“体制内”和“体制外”的身份标签。至2023年，中粮集团各级企业员工公开招聘比例和全员绩效考核比例均达到100%。为畅通人员进出通道，中粮还建立了人才盘点机制，出台员工能进能出实施办法，并在各级子企业全面推行，明确员工退出渠道，细化员工退出情形。

5. 开展中长期激励。作为较早开始探索市场化激励机制的企业，中粮集团还灵活开展了多种方式的中长期激励，先后在9家上市公司实施股权激励计划，覆盖核心骨干人员1400余人次。

6. 推动收入分配市场化。中粮集团坚持对标行业和市场，建立“一岗一薪、易岗易薪”的市场化薪酬体系。在领导人员年薪标准不变的前提下，提高与企业效益和实际贡献挂钩的浮动工资比重，严格根据年度业绩结果兑现奖金。若年度考核不达标，不仅给予相应领导人员调整岗位、降职、免职或解聘等处理，还将扣除全体领导班子年度全部绩效奖金，确保“能增能减”不打折。

2022年，中粮集团又开启了新一轮三年任期经营目标责任制，并设定了更具挑战性的目标。在着力打造中国式世界一流大粮商的新征程上，中粮集团上下“一条心、一股劲、一盘棋”，团队干事创业、打硬仗的动力得到进一步激发。

四、案例：中材国际任期制和契约化管理

前文分享了中材国际探索推行职业经理人制度的案例，任期制和契约化管理同样也是中材国际全面深化改革的重要抓手，激发企业内生活力的关键举措。他们的主要做法是：

一是确定任期制和契约化的目标，就是推动经理层成员实现职务能上能下、薪酬能增能减。通过全面推行经理层成员任期制和契约化管理，建立面向市场、面向国际的创新型经营责任制，调动经理层成员新时代新担当新作为的活力和动力，成为激发“关键少数”队伍活力的主要手段。

二是统筹构建了任期制和契约化管理的“123”（1 套制度、2 类指标、3 大环节）实施框架，稳步推进全级次企业 145 名经理层成员高质量完成任期制和契约化管理工作，实现企业户数及经理层人数 100% 覆盖。

“1”是建立一套制度，即以《所属企业任期制和契约化管理办法》为基本制度，以《所属企业领导班子和领导人员综合考核评价办法》《所属企业考核管理办法》《所属企业负责人薪酬管理办法》《经理层成员考核管理办法》及《经理层成员薪酬管理办法》为配套文件的“1+5”管理制度体系，对实施范围、操作流程、考核管理、薪酬管理和退出管理等全过程进行规范，明确了年度和任期考核相结合、业绩贡献和薪酬激励强关联、考核结果与岗位退出硬约束的管理原则，为实现管理人员“岗位能上能下、薪酬能增能减”提供了制度保障，是顶层架构。

“2”是构建两类指标，就是通过全面梳理各单位经营发展现状及经理层成员职责体系，建立了涵盖盈利能力、运营质量、资本回

报等6个维度40项指标的公司考核指标库及涵盖市场、采购、项目管理、财务等15类120项指标的岗位考核指标库等2套指标，着力打造考核样板。同时，注意两类指标的协调性，例如，年度指标与任期指标有效衔接，又有所区分；公司指标与岗位指标有机结合、差异化分配；定量指标和定性指标有所侧重，尽可能量化。经理层成员岗位指标以定量指标为主，难以量化的指标明确具体的工作节点目标及量化的加减分评分规则，使考核指标100%实现可衡量、可评价。

“3”是紧盯三大环节，着力提升改革成效。中材国际紧盯任期制和契约化管理重点环节，切实强化考核、薪酬及退出管理，以考核结果为依据，坚持薪酬的刚性兑现和岗位的刚性退出，真正实现薪酬的“能增能减”和岗位的“能上能下”。这三大环节分别是：

1. 强化任期管理，优化考核机制，用好考核“指挥棒”。经理层成员实行任期制，每个任期为三年，任期期满后，根据任期考核结果重新履行聘任程序，打破干部身份“铁交椅”。实行“一人一岗、一岗一表”的契约化管理和差异化考核，按照“跳一跳、摸得着”的原则，结合近三年平均水平和上年数值综合确定具有挑战性的考核目标，建立目标逐级分解、责任层层落实的绩效考核机制。通过协议签署，每位经理层成员能够了解自己“要干什么”“有什么权利”“干好干坏有什么后果”，心无旁骛谋经营、强管理、抓落实，确保公司发展战略和经营目标的实现。

2. 以绩定薪，优化薪酬机制，打破高水平“大锅饭”。坚持内外部对标，合理确定经理层成员薪酬水平，突出“强激励硬约束”，构建“基本年薪+绩效年薪+任期激励+中长期激励”的薪酬结构，浮动工资占比不低于60%，年度绩效上不封顶，任期激励兑现系数最高达1.5倍。强化目标薪酬透明化，明确业绩贡献与薪酬兑现的关联规则，实现按业绩算薪酬，业绩升、薪酬升，业绩降、薪酬降，真正体现“业绩是干出来的，薪酬也是干出来的”价值导向。对于超额完成考核目标任务的进行奖励，对于年度和任期考核结果不合格的，扣减当年全部绩效年薪及任期激励，经理层成员薪酬差距最高达2.5倍。

3. 明确红线，优化退出机制，打破身份“铁饭碗”。依据考核结果明确退出“底线”，如出现年度考核结果未达到完成底线（70分）、年度经营业绩责任书中约定的主要指标未达到完成底线（完成率低于70%）、连续两年考核结果不合格（80分）、任期业绩考核结果为不合格（80分）等情形，终止任期、免去现职。明确“双达标”考核要求，对经理层成员实行经营业绩考核和领导人员综合考核评价，针对未达到经营业绩考核目标或综合考核评价要求的经理层成员，进行岗位调整或退出。

五、案例：中国通号推动全面深化市场化经营机制改革

中国铁路通信信号集团有限公司（以下简称“中国通号”）是一家具有铁路、城市轨道交通通信信号系统集成、研发设计、设备制造、施工运维完整产业链的大型中央企业。近年来，在健全完善市场化经营机制上取得明显成效，牢牢抓住三项制度改革这个“牛鼻子”，推动新的“三能”机制在各层级企业普遍化、常态化运行，加速形成更大范围、更加立体、更加灵活高效的市场化经营机制。在竞争上岗方面，各层级管理人员有上有下、有进有出，真正形成了“干得好就上、干不好就让”的用人导向和“能者上、平者让、庸者下、劣者汰”的用人机制，有效推动传统的“身份管理”向市

场化的“岗位管理”转变。在任期制和契约化管理上，各级经理层成员的契约化精神和任期意识得到显著提升，对考核指标逐一认领、精心谋划、全力落实，形成了“要薪酬就得要业绩”的导向。在薪酬分配激励方面，“一企一策”构建薪酬分配体系，科技骨干薪酬高于其他管理人员薪酬已经形成普遍共识，关键核心人员薪酬和待遇等同或高于公司主要负责人薪酬和待遇已经成为常态化操作，“科技至上”理念深入人心。具体做法是：

一是持续深化科技创新机制改革。建成研发投入强度稳步增长机制，加大基础性前瞻性技术研究投入，研发投入强度保持在5%左右，主要研发企业占比最高达到14.1%。持续完善科技创新管理机制，实行技术总师负责制，推行院所科研组织体系，试点新型科研机构事业群模拟法人，实施“揭榜挂帅”“赛马”等机制，探索“集中攻关”“成果孵化”等模式。深化科技创新薪酬分配改革，建立向科技人才倾斜的薪酬分配制度，研发序列岗位薪酬标准高于其他序列同职级同薪档岗位，科学家履职待遇和薪酬高于领导班子正职，首席专家享受领导班子同等履职待遇。丰富科技创新激励工具箱，发布《科技创新激励管理办法》《技术人员绩效考核管理办法》“科技创新十条”等，丰富短中长期激励手段，增强科研人员工作动力。

二是高质量推动任期制和契约化管理全覆盖。在“双百企业”“科改示范企业”率先实施基础上，主动扩围加码，将各企业董事长纳入任期制和契约化管理，实施范围全面覆盖各级企业，扩大到中层管理人员，鼓励和引导具备条件的分公司、项目部推行契约化管理，实现任期制和契约化管理全覆盖；实行刚性考核兑现，2人因经营业绩不合格扣减全部绩效，2人刚性退出管理岗位。加快探索市场化职业经理人制度，试点实施轮值总经理制度。

三是常态化开展竞争上岗、末等调整和不胜任退出。从集团总部入手推动“破冰突围”，自上而下实施机构改革和全员竞聘上岗，总部职能管理部门压缩为10个，岗位编制压缩至118个，实行“全体起立、竞聘坐下”，最终上岗74人，综合上岗率38.9%，中层干部调整退出7人，新进7人，破除能上不能下、能进不能出的制度困局。纵深推进全级次企业竞争上岗，所属企业全面开展机构改革，5家企业实施经理层岗位竞聘，上下贯通提高整体运转效率，真正实现全体管理人员能上能下。

四是全面推进市场化用工。开展职级体系改革，构建完善职业发展通道，建立职业发展5大通道10个等级，形成多种职级序列、多个职级职档的员工职级体系，打通管理和研发技术“双通道”，完善职业晋升机制。实行全员绩效考核，推行以劳动合同管理为关键、以岗位管理为基础的“双合同”管理机制，对企业负责人推行“全方位、全动力、关键指标”业绩考核，对管理人员推行目标任务制考核，对一线业务人员推行工作成果考核，在岗员工绩效考核覆盖率100%。

五是完善市场化薪酬分配机制。推行差异化薪酬分配，聚焦岗位价值、绩效贡献，对具有突出贡献的业务骨干予以倾斜，管理人员平均收入差距1.8倍、最高2倍，破除“平均主义”；技术人员薪酬跨度由11.4万元至42.3万元扩大到12万元至120万元，科技人员最高年薪达到132万元，打破“科研大锅饭”，实行更加灵活的工资总额决定机制和管理模式，明确工资总额与利润总额挂钩机制，试点推行工资总额备案制管理，给予企业更大的薪酬管理自主权。探索更多中长期激励，实施战略配售，开展风险抵押，推行超额利润分享，探索项目跟投，丰富中长期激励工具。

六、案例：中国一重、保利集团、中国建筑

中国一重全面推行三年任期制。中国一重制定全面推行子企业董事长和经理层市场化选聘契约化管理“两个意见”，明确 10 个竞聘环节、9 个参与主体，全级次 100% 市场化选聘，不仅适用经理层，而且拓展到子企业董事长及非独立法人单位，党务岗位实行“述职评议考核”。分“三个阶段”实施，中层干部末等调整、不胜任退出。全面落实契约化管理。中国一重实施“利润确定总薪酬、关键指标严否决”，任期推行“25% 年薪留存追索、三年业绩考核逐年系数与任期总薪酬连乘”的办法，任期考核对单位负责人进行扣减追索。

中国保利集团培养企业家干事创业精神。以深化改革为抓手，强化正向激励导向，营造激励企业家干事创业浓厚氛围。保利集团党委管理干部全面推行竞聘上岗，总部二级部门负责人“全体起立”，二级以下子公司超 1000 个领导岗位开展公开竞聘，实现任期制和契约化管理百分百覆盖。强化末等调整和不胜任退出，用好中长期激励工作指引，建立健全容错纠错机制，使人才队伍焕发生机活力。

中国建筑强化考核结果运用。国企改革三年行动实施后，中国建筑集团着力加强和优化了二级、三级企业领导班子成员考核强制排序机制。强化考核结果运用，对“考核偏低”人员进行提醒谈话，连续“考核偏低”或“基本称职”的进行岗位调整或退出，“不称职”的退出。

【案例点评】任期制是契约化的前提

国务院国有企业改革领导小组办公室 2020 年发布的《“双百企

业”推行经理层成员任期制和契约化管理操作指引》指出：“经理层成员任期制和契约化管理，是指对企业经理层成员实行的，以固定任期和契约关系为基础，根据合同或协议约定开展年度和任期考核，并根据考核结果兑现薪酬和实施聘任（或解聘）的管理方式。”可以理解为，任期制与契约化管理，有两个基本轮子，一个是固定任期，这是前轮，一个是考核契约，这是后轮。正是因为有了明确的经理层岗位聘用期限，有了任期的到期日和终止日，才可能通过考核的方式，明确如果没有完成任务怎么退出，任期届满怎么竞争、怎么退出。这就是说，任期制是契约化的前提，契约化是任期制的支撑。所以，就国企各级经理层来说，这两个轮子是一同运转的，缺一不可。

第四节　给“干部能上能下”提供路径

2001 年，国家深化国有企业内部人事、劳动、分配制度改革，取消企业行政级别。企业不再套用政府机关的行政级别，不再比照国家机关公务员确定管理人员的行政级别。打破“干部”和“工人”的界限，变身份管理为岗位管理。在管理岗位工作的即为管理人员。岗位发生变动后，其收入和其他待遇要按照新的岗位相应调整。管理人员是指企业内部担任各级行政领导职务的人员、各职能管理机构的工作人员以及各生产经营单位中专职从事管理工作的人员。

一、案例：中国建筑新职级体系

中国建筑建立集团统一的管理人员、专业技术人员、操作人员新职级体系，细化管理人员和22个专业序列岗位人员任职资格、晋升规则、降级要求等，实现职级升降标准化，打破“论资排辈”“平衡照顾”等现象，进一步拓宽员工职业上升渠道，畅通降级、退出通道。

二、案例：中国船舶打通职业发展双通道体系

中国船舶集团公司第七二五研究所（洛阳）打通职业发展双通道体系，激发人才引领作用。七二五所建立成熟的职业发展通道体系。一是基础发展通道，专业技术工人通过技能等级认定体系，可从初级工最高升级为特级技师，薪酬与人才发展相适应增长。二是职业发展双通道体系，即专业人才通道和行政人才通道并行的职业发展通道，专业人才通过高级人才选拔体系可成首席专家，相应层次的高级人才参照同级别领导干部待遇。双通道体系“纵向提升、横向贯通”，最大程度激发人才创新创造创业活力。2021 年增选七二五所新一批高级人才，所级高级人才队伍现有 31 人，其中高级技能专家 1 人，技能专家 5 人。通过竞争性选拔、契约化管理、任期制考核，充分发挥人才在顶层设计、重点任务、创新成果和人才培养等方面的引领作用。

三、案例：中国一重全员“站起来，再坐下”

中国一重持续加大改革创新力度，实现因改而变、因改而兴，扭转效益滑坡、连续三年亏损的困境，有效解决企业之前管理粗放、效率低下等突出问题，具体做法有以下几个方面：

1. 改革科研管理体系，完善体系激发动力。一是推进科研内部市场化。中国一重“科改企业”天津研发推行课题负责人“竞聘制”“承包制”“组阁制”，在技术路线、绩效考核等方面为课题负责人赋权；“双百企业”大连工程技术突出科技成果转化，实行风险抵押、项目分红制，“摘标+竞标”模式，冷轧十八辊连轧机组项目7人团队拿出50万元竞标摘标，“新型工作辊弯辊及横移装置项目”等分红84万元。二是构建“4461”动力机制。中国一重创建“四级+四类+六室+一赛”全员全方位科技创新动力机制，实施“大国”“首席”三级津贴，组建6类创新工作（活动）室152个，凝聚各类创新人才3200余人，完成创新课题1098项。开展“百万一重杯”劳动竞赛，每年拿出数百万元专项奖励资金，激励专业技术、技能人才岗位建功。

2. 完善市场化选人用人机制，进退有“通道”。一是全面拓展五个通道。中国一重打通管理、营销、技术研发、党务、技能人员五类人才晋升通道，并细化形成6个职级，两到三年一个台阶，五个通道纵向晋升、横向互动，职务与职级并行、相互转化。为加快年轻干部培养，建立“优秀工程师库”，按照工程师、高级工程师、研究员级高工各占5%、10%、20%的比例，遴选入库118人，提供“绿色通道”。二是全面构建多重保障机制。中国一重确立7%、9%、11%薪酬正常增长机制，多元推进中长期激励，年金“倍增计划”缴存比例由个人1%、企业4%，提高到封顶个人2%、企业8%。同时，在一年期补充医保基础上，新增覆盖职工全生命周期的长期补充医疗保险。强化落实“重奖”机制，对“十三五”期间做出突出贡献的8名特级劳模进行专项奖励，每人奖励一台价值20万元的红旗汽车。

3. 通过抓实“市场化选聘、契约化管理、差异化薪酬、市场化退出”机制，实现三项制度改革目标。全员“站起来，再坐下”，打通管理、营销、研发等五类岗位多途径晋升通道。一系列围绕“位子”的改革动真碰硬，使企业机构更精干高效，也打破了国企员工“当不了行政领导就没有出路”的职业发展瓶颈。通过改革，公司撤销各级管理机构187个，压缩编制定员2355人，减幅达21%。在“市场化选聘、契约化管理”方面，“先改‘主席台’，再改‘前三排’”，累计调整不适应改革发展需要的领导干部98人，解除岗位合同95人。从“一管到底”向“一追到底”转变，推进分层管理、层层签订经济责任状，做到压力层层传递，动力层层激发；经理层成员完不成目标收入60%、目标利润70%的自动免职。首创“劳动”和“岗位”两个合同，以劳动合同解决身份问题，以岗位合同解决进出问题。在薪酬改革方面，将职工收入增长指标写入年度计划和中长期发展规划，纳入公司高质量发展九大关键考核指标，建立了薪酬正常增长机制，使薪酬分配与预算完成情况、绩效考核结果挂钩。坚持薪酬分配向营销、高科技研发、苦险脏累差、高级管理、高技能这五类岗位人员倾斜，稳步推进员工持股、超额利润分享、项目分红等措施，有效发挥了薪酬分配的导向和激励作用，在约束的基础上强化激励，激发员工的主动性和积极性。

4. 通过深化改革创新发展，实现了以改促变、以变促通、以通促活。企业由“工厂”到“公司”，总部职能部门从19个压减至13个，再至10个，编制减至87人。二级单位领导班子成员102人中，45周岁及以下年轻干部达40.2%，“80后”达28.4%，分别提高了17.82%和16.24%；三级单位中层干部126人中，40周岁及以下年轻干部达51.59%，“85后”达24.67%，分别提高了21.13%和

16.82%，干部人才队伍结构进一步优化。

改革有效促进了内生活力动力迸发。在传统产业领域，实现了黑色冶金装备和有色冶金装备并进、金属材料和非金属材料并进，实现了从制造向“制造+服务”转变、制造向“制造+系统解决方案”转变。在战略性新兴产业领域，进入了地企融合、“一带一路”板块，成功开发了油气智能导钻装备、风电全产业链装备制造、冷链物流装备等，打造成为世界最大镍铁产品生产供应商。通过深化改革创新发展，有效促进了企业转型升级、结构调整。

四、案例：中化控股以价值管理推进“干部能上能下”

中国中化控股有限责任公司由中国中化集团有限公司（以下简称“中化集团”）与中国化工集团有限公司联合重组而成，于2021年5月8日正式揭牌成立。树立“在坚持国有属性前提下，无限接近市场化”的指导思想，围绕“干部能上能下、员工能进能出、收入能增能减”的要求，创新建立“TOP核心业务经理人评价模型”，科学动态管理集团关键岗位。具体做法是：

1. 打破传统层级制管理局限性，建立层级管理与价值管理并重的关键岗位管理机制。针对三种类型（经营型、科研型和战略创新型）的各级子企业，以服务集团战略目标和价值创造能力为核心评价维度，排序形成各自领域的TOP企业名单。以价值贡献为评估领导人员岗位职级的主要依据，按照岗位适配性考察评估结果，将TOP企业领导班子全部或部分纳入关键岗位名单。

2. 实施立体化考核评价，完善人员退出调整机制。推进关键岗位人员年度综合测评，构建“品德素质”“领导力素质”和“业绩”为核心的综合考核评价体系。研究发布《中化经理人基于评价的退出调整管理办法（试行）》，健全对履职不力、绩效平庸干部的退出调整机制，为“能下”提供制度保障。2020 年，基于考核结果，有 14 名集团关键岗位人员被免职或降职使用，占其总数的 4.86%；有 93 名中层管理人员被免职或降职使用，占其总数的 5.90%。

3. 坚持以新动力工程为平台，推动干部队伍年龄结构优化。中化集团面向全集团年轻正职后备干部、年轻关键岗位干部和年轻后备干部三个层面设置分梯次、针对性的选拔培养项目，重点选拔 40 岁左右的优秀年轻干部进入关键岗位队伍。设置高级专业管理岗位，让年龄相对较大、具有专业专长的干部转任审计顾问、巡视专员、财务顾问和高级内训师岗位，为能力突出的年轻优秀干部脱颖而出创造更多条件。截至 2020 年底，关键岗位干部共 288 人，其中 40 岁以下人员占比 12.8%、45 岁以下人员占比 31.6%。“新动力”工程实施以来已选拔 82 名 40 岁左右年轻干部进入关键岗位队伍。

【案例点评】价值是岗位管理的核心

岗位管理的核心目标是增大价值链上直接创造价值的员工的比重。越是在高度竞争领域，用人机制的市场化程度越高，越需要以岗位管理为基础、以人岗匹配为目标、以价值贡献为评价依据的人力资源管理。

第五节　给“干部能上能下”提供赛道

实践证明，全面引入竞争机制，大力推进企业经营管理人员选聘的市场化，符合国有企业改革的方向，有利于企业健康长远发展。

企业管理要在管理人员能上能下方面寻求突破，把各层级法人（或单位）本部职能机构管理人员能上能下、末等调整和不胜任退出落到实处，推行管理人员选聘竞聘，建立“揭榜挂帅”“赛场选马”机制，把内部优秀人才选上来、把外部优秀人才引进来。

一、案例：中国建筑打破领导干部“铁交椅”

中国建筑明确经理层退出的6种情形，设置明确的退出“底线”，打破领导干部“铁交椅”。在经营业绩考核和综合评价均实行强制分布的基础上，强化“双达标”机制，任一项为不称职，或者连续两年考核排名靠后或基本称职的，终止任期、免去现职。

二、案例：保利集团年轻干部培养计划

大力培养选拔优秀年轻干部，所属保利发展公司开展“领军、百帅、点将、练兵”年轻干部培养计划，提拔使用83人，其中26人担任区域公司主要负责人。鼓励开展公开竞聘、竞争上岗。保利集团破除论资排辈和隐性台阶，不拘一格选拔优秀人才。2020年以来，有187家各级子企业通过公开竞聘、竞争上岗选用干部593人，集团全年因考核末等调整、不胜任退出干部229人，分别占集团干部总数的11.4%和4.4%。

三、案例：山东重工全体干部公开竞聘上岗

近年来，山东重工潍柴集团分批次实施全体干部公开竞聘上岗，其中“80后”占比达73%。中国重汽改革重组以来，领导干部由1600人降到1260人，“80后”占比由27%提升到56%。

四、案例：中国重汽历史上最大规模的干部人事调整

2019 年，在任职中国重汽董事长的大会上，谭旭光说：“今天宣布我任职的这一时刻，全世界的商用车集团都将会发生剧烈地震。”他大胆放言：“国企改革没有行不行，只有敢不敢。”他说改革回过头来看就是三件事，干部能上能下、职工能进能出、员工收入能高能低，但是敢不敢做、想不想做，才是关键。谭旭光很快就给中国重汽引入了潍柴“不争第一，就是在混”“一天当两天半用”的激情文化，领导干部通过公开竞聘进行大规模调整。在“以壮士断腕的精神全力推进改革实现新突破”的讲话中，谭旭光痛陈中国重汽六大“罪状”，以人事改革开启中国重汽强盛之门：主导了中国重汽历史上最大规模的干部人事调整，共涉及 36 家二级单位和部门，调整干部 119 人，二级单位一把手 9 人。其中提拔 31 人、横向交流 44 人、公开竞聘 23 人、恢复职务职级 23 人、免职 8 人、问责撤职 3 人、转为专家 5 人、内退 5 人，真正让干事的人有位子、有帽子、有票子、有股权，让不干事的人一无所有。从 2020 年开始，通过公开竞聘、素质体检、转岗退出等方式，中国重汽“80 后”中层干部占比由原来 25.5% 上升到 33.1%，52 名“80 后”晋升中层领导职位。

谭旭光在中国重汽的做法正是山东省深入开展省属企业三项制度改革专项行动的缩影。山东省大力开展国企管理人员竞争上岗，2020 年，省属企业参与管理人员竞争上岗人数达 5545 人，占比为 27%；管理人员末等调整或不胜任退出人数为 372 人，占比为 1.85%；已在 2625 户子企业推行经理层成员任期制和契约化管理，人数达 5978 人，占比达到 93%。在劳动制度改革上，山东建立覆盖

全员的考核评价体系，形成员工常态化退出机制，2019—2020年，2700多人因不符合相关规定与企业解除劳动合同。在分配制度改革上，山东建立宽带薪酬体系，合理拉开工资差距，管理人员薪酬结构中绩效年薪占比超过60%。

【案例点评】竞争是倡导公平的企业文化

竞争择优、优胜劣汰、按章办事在许多知名企业都是一种基本的企业文化和管理基础。在竞争行业，国有企业需要倡导正确用人导向，树立“业绩好，工资才能高”的理念、“有为有位、人才育成”的人才观，建立市场化的业绩标准和公平的用人机制，积极开展队伍重塑、企业重塑、文化重塑，形成国有企业鲜明的业绩文化。

第六章　“收入能高能低”的改革实践

激励机制是每一个组织都离不开的课题，对企业而言，它既是一门科学，也是一门艺术，尤其是在竞争激烈的领域，更加不能忽视对人才的激励。要实现国有企业高水平自立自强，关键在于人才，必须结合各类人才的特点来深入落实各项激励保障措施。当今世界正经历百年未有之大变局，经济全球化遭遇逆流，世界进入动荡变革期，国有企业在科技等诸多竞争领域面临国外“卡脖子”风险，更不能忽视对高素质、专业化人才的激励。

分配制度改革的实践中，国有企业不仅在收入能增能减上求突破，强化薪酬与业绩紧密挂钩，合理拉开收入分配差距，规范各个层级的收入分配行为，还充分运用中长期激励政策，着重落实核心关键人才激励制度。

第一节　让“收入能高能低”与业绩捆绑

股权激励是目前国际通行的一种长期激励方式，主要是通过授予公司高管人员股票或股票期权，将高管人员薪酬的一部分以股权收益的形式体现，将其收入的实现与公司经营业绩和市场价值挂钩，激发高管人员通过提升企业长期价值来增加自己的财富，促使高管人员将个人利益与公司的利益联系在一起。实行股权激励本质上是要促进上市公司长期持续稳定的发展。在股权分置改革的基础上，国资委与财政部适时出台《国有控股上市公司（境外）实施股权激励试行办法》《国有控股上市公司（境内）实施股权激励试行办法》，对于国有控股上市公司和资本市场的健康发展将起到重要的积极作用。

一、案例：中国建筑薪酬与业绩挂钩

中国建筑子企业负责人的薪酬主要与利润类核心业绩指标和经营业绩考核结果直接挂钩，一家子企业因经营业绩不达标，则全体领导班子绩效年薪为零，真正做到“业绩与市场对标，薪酬与业绩跟跑，激励凭贡献说话”。

二、案例：保利集团拉开分配差距

中国保利集团 14 户二级企业中已有 12 户落实董事会对经理层副职的业绩考核和薪酬分配权，“一企一策”制定企业负责人薪酬方案，强化“业绩升、薪酬升，业绩降、薪酬降”，合理拉开分配差距。

【案例点评】职务晋升不是涨工资的唯一途径

缺少工资增长机制、个人的贡献又很难衡量是国企遇到的一个普遍问题。用合理的机制让有限的工资资源优先向能为企业创造价值的员工分配，是实现从“要我干”到“我要干”的最短途径。

三、案例：中国联通薪酬激励机制

中国联通考核激励重点在于突出提升全要素生产率，持续探索资源精准配置。中国联通党组书记、董事长陈忠岳认为：“通信业务领域实施划小改革，瞄准增收增利、成本节约；新兴业务领域实施项目制改革，基于项目投入产出兑现团队薪酬包，基于项目考核结果兑现团队成员薪酬。针对后台与一线、同专业不同岗位族、同岗位族绩优与绩平人员等薪酬分配关系进行重点调控，聚焦关键少数，突出‘强激励、硬约束’，重点拉开各级管理人员薪酬差距。”在此基础上，中国联通区分业务场景和岗位属性，建立起了“考核目标设定、关键职责产出、激励资源配置”三位一体的薪酬激励机制，实现了考核激励的精准匹配。透过改革看成效，2020 年，各省公司经营班子正职年度绩效薪酬倍差达 5 倍，任期激励倍差达 8 倍，浮动薪酬占比最高超过 83%。集团总体战略牵引，考核目标细化，层层分解任务。自上而下实现激励体系重构过程中，集团公司推手和中枢作用得以充分体现。

四、案例：中国建筑多元化中长期激励

中国建筑实施多元化中长期激励，持续激发核心骨干队伍的积

第三节　让“收入能高能低”有机制保障

在建立收入能增能减、有效激励的分配制度的总要求下，实行按劳分配为主，效率优先、兼顾公平的多种分配方式。企业内部实行按劳分配原则，合理拉开分配档次。建立员工薪酬市场对标机制，合理拉开收入分配差距，破除平均主义、“高水平大锅饭”。建立具有市场竞争优势的核心关键人才激励制度。

一、案例：广西桂冠岗位工资和岗位能力工资并存

广西桂冠电力股份有限公司检修分公司是大唐广西分公司的专业检修公司，2020 年建立起岗位工资和岗位能力工资并存的薪酬体系。具体做法是：

1. 薪酬分类。岗位工资是按员工的岗位来兑现薪酬；岗位能力工资是按岗位能力认定结果来兑现薪酬，不受职务数量限制，可以增加岗位动态管理的灵活性。

2. 薪酬分层。把原来薪酬体系中岗位薪点分解成岗位薪点和岗位能力薪点两部分。假如原岗位薪点点值为 30，平均分成两部分，即岗位薪点点值为 15，岗位能力薪点点值为 15，原岗位薪点工资 = 岗位薪点工资 + 岗位能力薪点工资。

3. 新的薪酬体系执行结果。作用主要体现在以下五个方面：一是解决有能力员工薪酬无法提高的疑难问题。二是有利于员工工作热情的提高，充分体现上岗看能力、收入看贡献的理念要求。三是

有利于员工更好地实现职业生涯规划。四是员工薪酬更具公平性。岗位工资和岗位能力工资双结合的薪酬体系，增加了员工的能力评分，依照员工能力大小来定岗位能力工资，有效避免论资排辈的现象，促使公司员工都处于平等地位。五是使员工清醒地意识到不论在何处位置的能力岗位上，都要时刻加强自身能力学习，形成我要学、人人学的学习氛围和竞争的紧迫性、危机感。

二、案例：山东重工薪酬体系

山东重工搭建管理、营销、研发等宽带薪酬体系，按照价值导向、创新导向的理念，合理拉开收入差距，同岗位人员薪酬差异4倍以上；设置常态化科技创新奖励机制。

三、案例：广东省国资委推动薪酬分配内部市场化

广东省国资委推动薪酬分配内部市场化，突出强调收入分配向关键岗位、生产一线劳动强度高的岗位和紧缺急需的高层次、高技能人才，特别是科技创新人才倾斜。

四、案例：广西柳工重构考评激励机制 拉开不同贡献的收入差距

广西柳工集团有限公司（以下简称“柳工”）创建于1958年，经过63年发展，已成为生产制造重大基建领域国之重器的国际化企业，业务覆盖全球170多个国家和地区。柳工重构考评激励机制，拉开不同贡献的收入差距的具体做法如下。

一是基于柳工混合所有制改革实际，结合“十四五”战略规划，明确了承接战略、对标同业、超越历史的绩效管理理念，并通过对

战略地图的推导梳理关键成功要素，提炼关键绩效指标，推进绩效管理十大变革。建立全员绩效考核体系，聚焦市场竞争指标和企业成长指标，注重市场地位和质量效益目标达成。

二是引入美世薪酬体系，基于不同岗位贡献度建立差异化的薪酬机制。通过严格绩效考核和薪酬对标，激发团队战斗力和参与市场竞争意识。柳工以业绩考核与薪酬水平双对标为核心，通过基于3P（岗位、能力、业绩）的薪酬体系与国际对标，加大浮动薪酬占比，充分拉开不同贡献者的收入差距，建立市场化薪酬机制。2020年，柳工基于混改后的新机制，实施了绩效管理体系变革，针对高管、子公司经营班子、研发及营销等四类核心人员进行差异化的绩效体系设计。公司高管及子公司经营班子签订年度与任期绩效约束合同，采取“基本薪酬+绩效薪酬+任期激励+股权激励”的模式，以战略目标实现为核心，实现绩效与薪酬的充分挂钩。研发人员和营销人员实行绩效同业对标管理，实施充分市场化的激励举措。

三是建立覆盖全集团的经理层人员任期制和契约化管理机制，明确经理层人员年度和任期考评机制，以此作为管理人员的“上下”依据。基于能力、业绩和潜力，绘制九宫格人才发展地图，每年实施分层分类人才盘点，通过科学的评价和盘点，输出人员淘汰退出计划、人员发展计划和继任者计划，有效保障“三能”落实，实现优胜劣汰，构建人才梯队。推动总部机关化专项整改，2020年完成集团总部6个职能部门、子公司7个业务线的整合，总部职能部门从12个缩减至8个，人员从87人精简至40人。畅通管理人员“上下”和员工“进出”通道，通过末等淘汰和不胜任退出等机制，每年优化不低于5%的中层管理人员，2020年全集团总监级人员退出41人，优化比例达10.56%，在岗职工年平均人数持续下降，人均销售收入和人均工资均大幅增长。2020年，柳工集团获评"双百企业"三项制度改革专项评估A级企业。

【案例点评】 让工作价值和工资收入匹配

深化企业内部分配制度改革，国有企业应建立健全以岗位工资为主的基本工资制度，以岗位价值为依据，以业绩为导向，参照劳动力市场工资价位并结合企业经济效益，通过集体协商等形式合理确定不同岗位的工资水平，向关键岗位、生产一线岗位和紧缺急需的高层次、高技能人才倾斜，合理拉开工资分配差距，调整不合理过高收入。

第四节　让"收入能高能低"有市场调节性

加强工资分配改革，促进职工工资与企业效益相协调，切实提高普通职工工资水平，逐步提高劳动报酬在国民收入分配中的比重，实现公平分配。

一、案例：鞍钢集团效益决定薪酬

鞍钢集团有限公司（以下简称鞍钢集团）把三项制度改革作为重点攻坚，全面激活人力资源这个核心要素，坚持业绩决定用人、效率决定用工、效益决定薪酬，让"能力决定位置、员工市场化流转、贡献决定薪酬"成了常态。

坚持业绩决定用人。鞍钢集团深化干部人事制度改革，着力去"身份化、行政化"，推动领导人员分级分类管理，实现能上能下，近年来领导人员优化调整退出 499 人。2021 年全面推行管理人员任期制、聘期制和契约化管理，层层传递经营压力，推动企业高质量发展。

坚持效率决定用工。全面建立市场化用工机制，以每年劳动生产率提高不低于 10% 为目标，持续推动人力资源优化，近年来在岗职工减少 6.04 万人，减幅 36%。

坚持效益决定薪酬。突出业绩贡献导向，鞍钢集团端掉“高水平大锅饭”，实行“高目标、高激励”，子企业负责人年度兑现差距最高达 9 倍，同岗位一线员工月度收入差距最高超过 5000 元。

【案例点评】 薪酬分配既符合企业一般规律又体现国企特点

发工资是企业自己的事，但是国有企业还要充分考虑国企在现阶段的地位、作用、功能、示范性等诸多特点，既有激励又有约束，既讲效率又讲公平。国家要求调整职工收入分配结构。把工资总额中的部分补贴、津贴纳入岗位工资，提高岗位工资的比重。通过调整收入结构，提高工资占人工成本的比重，充分发挥工资的激励功能。按照企业效益和职工的实际贡献，确定职工工资收入，做到奖勤罚懒、奖优罚劣。

二、案例：华润集团持续优化薪酬激励体系

华润（集团）有限公司是一家在香港注册和运营的多元化控股企业集团，其前身是 1938 年于香港成立的“联和行”，1948 年改组更名为华润公司。2003 年归属国务院国有资产监督管理委员会直接管理，被列为国有重点骨干企业。华润集团持续优化薪酬激励体系，正向激励发力点明确。以战略、价值为导向，华润集团选择行业一流上市公司作为业绩对标组，每年年底通过业绩与薪酬双对标考核，

调整经理人浮动薪酬（年度绩效奖金、战略激励），实现收入能增能减。通过“双对标”，引导经理人密切关注行业主要竞争者的发展水平与趋势，形成比学赶超、争创一流的竞争机制。具体做法有：

1. 推动业绩与薪酬“双对标”，建立工资、效益联动机制。

按照《集团薪酬管理政策指引》相关规定，华润集团规范了集团直接管理的总部部室、战略业务单元（以下简称“SBU”）及一级利润中心管理团队成员（简称“经理人”）的薪酬管理。2014 年下半年，集团制定实施了《华润集团直管经理人薪酬办法》，明确以岗付薪、以绩效付薪、以能力付薪，是经理人薪酬动态调整，收入能增能减的基本原则。在落实《华润集团直管经理人薪酬办法》，建立与业绩文化相一致的激励约束机制的过程中，2014 年度起集团对下属利润中心正职经理人开展了年度业绩与薪酬水平双对标（以下简称“双对标”），将经理人的薪酬收入与业绩对标结果紧密挂钩。2014—2016 年期间，集团通过上述机制所核定的经理人年度绩效薪酬中，每年有 1—3 家经理人因薪酬水平处于“薪酬高于绩效区间”而进行了适当的下调；每年有 1—3 家经理人因薪酬水平处于“薪酬低于绩效区间”而进行了适当的上调，每年有 1—3 家经理人因业绩不达标而进行了奖金为零的处理，真正做到了“收入能增能减”的基本目标。通过“双对标”机制，集团建立起经理人薪酬水平与业绩水平相挂钩的约束机制，引导经理人密切关注行业主要竞争者的业务发展水平与趋势，通过努力实现更好的业绩目标，赢得市场竞争，实现经理人与企业共赢的局面。

集团进一步优化人工成本与企业经济效益联动的预算增长机制，严格执行以预算为依据的人工成本管理追踪与考核要求，使人工成本快速增长的势头得到有效抑制。集团总部基于“成本效益联动”

原则，建立并实施了分行业和发展阶段、基于业绩预算的“人工成本预算总额合理性评估机制”，并按照国资委对集团的年度工资总额预算控制要求进行逐一分解并跟踪落实，为有效达成集团年度人工成本预算管控目标奠定基础；优化人工成本管理信息化平台，对各下属企业的年度预算按季度进行预算执行过程追踪，及时根据利润中心的业绩达成情况进行提示或预警处理，使全集团人工成本增速合理控制在与业绩达成状况相匹配的状态。

华润水泥推行基层企业人工成本总额管理机制，人工成本总额与公司业绩（经营收入和利润总额）及劳动生产率挂钩，按照“效益增长/下降，工资总额增长/下降”“增人不增薪，减人不减薪”“劳动效率提高，岗位薪酬提高”原则，落实工资、效益联动的总额管理，提高各单位主动性与积极性，推动定编优化，提高劳动生产率。

华润煤业持续推进薪酬标准化工作，提质增效效果显著。自2016年6月起，各区域公司机关全员、二级机构及生产矿井管理团队薪酬标准化全面落地实施，涉及人员月度工资平均降幅为35%。2016年人工成本实际发生数133 675.4万元，较预算应发数145 066.7万元少11 391.35万元；较2015年人工成本应发数173 004.01万元减少39 328.61万元，下降了22.73%。吨煤人工成本99.95元/吨，较2015年吨煤人工成本141.12元/吨减少41.17元/吨，下降了29.17%。

华润燃气以“双对标”为指导思想建立企业薪酬总额管控体系，加强对成员企业薪酬总额管控力度，建立工资效益同向联动机制，切实做到薪酬总额与企业效益紧密挂钩，有效贯彻业绩导向，激发组织活力，不断提高人工成本投入产出效率。华润燃气于2016年通过业绩与薪酬水平“双对标”的方式，审批下属200多家成员企业的年度薪酬总额预算，在成员企业树立“业绩好，工资才能高”的理念，进一步贯彻了业绩文化；同时为加强薪酬管理的规范性、合理性，规避薪酬发放风险，实现薪酬的闭环管理，华润燃气对下属44家成员企业进行2016年人工成本决算，实现对成员企业薪酬管理监督检查的标准化、程序化和常态化，促进成员企业规范收入分配行为。

华润万家强化业绩导向、积极推进月度绩效改革。针对万家一线经营管理人员薪酬整体竞争力不足，薪酬与绩效关联度不够的情况，为了激发员工士气，形成绩效导向文化，在集团项目组的指导下，万家开始试点推行月度绩效计划。从2016年11月开始，华润集团项目组带领万家组成月度绩效专项工作项目组，通过对照万家业务价值链，找出驱动公司业务的关键岗位，聚焦核心业态业务关键岗位，并对所筛选岗位薪酬结构进行深入分析，总结已尝试的绩效工资方案经验与不足，并在各业务单元进行充分走访调研和多轮座谈沟通的基础上，制定《门店副总以上和职能关键业务管理岗位月度绩效考核方案》，方案通过薪酬结构拆分的方式，打破原有固定工资，并将拆分出的浮动部分与业绩直接挂钩，根据不同岗位选定岗位考核指标，以月度为考核周期，依据目标绩效工资与考核指标设定绩效工资计算方法，及时考核兑现，实现收入能增能减，形成绩效文化氛围，推动业绩增长。

华润雪花提高全员绩效考核的结果应用，优化调薪、发薪与考核结果的关联关系，优胜劣汰、多劳多得、高绩效高得，建立具有弹性的薪酬体系，实现企业薪资投放的高效与个人收入的能增能减。2016年雪花啤酒职工年人均总收入65 429元，在减人不减销量、不

结合，形成关注业绩的文化氛围。2016 年，万家累计发生 18000 人次奖惩兑现，对业绩优秀的员工进行奖励，惩戒业绩不达标者，并对奖惩结果进行公示。及时、公正的奖惩保证了薪酬激励有效性，形成了良好的业绩导向。

华润纺织应对行业困境，制定《棉纺企业工资总额预算管控指引》等文件，对企业人工成本、工资总额实现严格的预算管理，企业年度预算工资总额与本企业效益挂钩。加强对基层企业工资分配的分类指导和月度跟踪：中基层管理人员月度绩效考核结果直接在当月工资中体现；制造类企业普通员工实行计件工资与绩效考核相结合的方式，个人工资直接与当月的工资数量及质量挂钩；品牌零售企业普通员工实行“底薪 + 销售佣金（销售提成）”的形式，收入直接与销售业绩挂钩。

【案例点评】 市场化就是差异化

国家要求，运用市场手段调节收入分配。随着分配制度改革的深化，在企业内部分配上逐步引入市场机制，更好地发挥市场对企业工资分配的基础性调节作用。

三、案例：通用技术沈机股份改革薪酬管理制度，建立市场化薪酬激励体系

通用技术沈阳机床股份有限公司（以下简称“通用技术沈机股份”）是曾享誉世界的机床企业、国内中国行业的龙头企业。2017—2020 年，企业遇到了负债率高、历史包袱沉重、市场及行业异常波动、疫情影响、运营资金匮乏、债务违约风险加剧等各种困难，通过全员竞聘上岗、全员实行硬考核硬约束、建立市场化薪酬激励体系等系列改革措施，企业实现了扭亏脱困。其中，通用技术沈机股

份在改革过程中建立健全了以效益为导向、以市场为方向的收入分配激励约束机制，理顺收入分配关系，强化薪酬激励作用。具体改革做法如下。

1. 构建“3P＋1M”现代薪酬付薪理念。首先对现存的岗位、职责进行重新梳理，明确各个岗位在企业中的相对价值，并兼顾不同部门、岗位在贡献度上面的区别。坚持以岗位价值为主，将个人能力与绩效产出工作作为员工的付薪依据，同时对标同行业市场薪酬水平，提高薪酬外部竞争力，全力构建“3P＋1M”的现代薪酬付薪理念。

Pl（Position）：为岗位付薪，根据员工所在岗位确定其岗位所属系列和岗位级别，体现岗位的真正价值，建立内部公平的标准。一共分为技术、管理、营销、生产辅助、行政辅助及一线生产六大系列。其中，一线生产系列设置1个岗位级别，技术、管理、营销系列设置5个岗位级别，生产辅助系列设置6个岗位级别，行政辅助系列设置3个岗位级别。

P2（Person）：为能力付薪，根据员工个人综合素质，确定其个人等级。公司对各序列员工制定个人能力等级评定指标，通过部门评定小组打分，对员工的基本素质、专业知识、综合能力、工作业绩等进行评定，从而确定员工初次定岗定级时的个人等级。综合岗位级别和个人级别即可确定员工的固定薪酬。

P3（Performance）：为业绩付薪，根据员工的关键业绩指标完成情况核定发放绩效薪酬。一线生产类员工绩效薪酬按照计时计件方式发放，一线营销类员工绩效薪酬按照相关营销指标完成情况发放，其他员工绩效薪酬结合个人绩效考核结果、部门业绩考核结果、公司经营业绩情况发放。充分体现干好干坏不一样，激励员工付出努力，从而获得好的回报。

M（Market）：依据市场水平，实现薪酬外部竞争性。综合考虑了可比城市、同类型企业各类岗位员工薪酬水平，通用技术沈机股份原有自身水平，预计收入水平等多个维度因素。对于技术、管理、营销类员工提供在沈阳市有较强竞争力的薪酬水平，对于辅助类员工总体略高于一般市场水平。

2. 建立工效挂钩机制，实现工资总额与业绩联动。坚持与企业经营考核结果紧密联系、与企业发展阶段相适应、以客观发展规律为准绳、向“一线营销”“高科技研发”“苦险特累差”“高级管理”“高技能”五类人员倾斜的原则，构建由工资效益联动、工资水平调控等共同组成、协调运转的工资总额决定机制，合理确定企业工资总额。

3. 实施绩效考核全覆盖，实现员工工资与考核结果联动。以绩效考核为抓手，结合薪酬标准体系，推动工作效率和人均效能提高，提升企业运营效益。通过“人员全覆盖”，从公司总部到各分（子）公司，从干部到普通员工，按照不同的考核标准和内容，全员接受绩效考核。

员工层面上，绩效考核结果作为年度绩效薪酬发放依据。综合各单位绩效和个人绩效两方面因素，核算并发放员工年度绩效薪酬。同时，考核结果作为员工职位职级调整的重要依据。根据公司职位职级体系，通过职级评定，让有不同业绩表现的员工进行相应的升降，例如对员工个人年度绩效考核等级为“不合格”的或者员工连续两年个人年度绩效考核等级为“合格”的，进行降级处理。通过与薪酬进行相应的联动，促使优秀员工可以获得更高的劳动报酬。

管理层层面上，绩效考核结果作为干部履职“称职”“不称职”

等的直接依据，并据以核定绩效年薪。管理层年度考核薪酬的发放规则是“年度考核薪酬＝年度目标薪酬×［P年度×W＋Q×（1－W)”。其中，公司董事会秘书及经营单位正副职的P年度＝经营绩效考核得分÷100，其他员工的P年度为其个人绩效系数，具体数值根据各单位（部门）绩效考核等级和个人考核等级确定；Q为调整系数，为企业经营班子经营绩效考核得分÷100；W为权重调整系数。

4. 探索多种激励方式，加大激励力度。公司探索多种激励方式，将员工与组织利益紧密结合起来，充分运用各种激励方式，构建适应时代特点、组织发展和员工需求的激励机制，充分启发人员潜能，使人力资源效能实现最大化。

经理层成员实行任期激励，建立实际性的经营性考核指标体系，根据岗位职责分工和重点任务目标对经理层成员进行“一人一岗、一岗一表”的差异化考核。根据任期考核结果确定任期激励水平，实现“差异化薪酬”管理，合理拉开薪酬差距。任期绩效考核等级也作为岗位聘任及退出等管理的重要依据。

重视对技术人才、技能人才的激励，按照“一评、二定、三津贴”的方式，对技术专家和工程师等技术人才和技能工匠、技能工人进行专业能力评定，确定个人能力等级，以发放月度“津贴”的方式在待遇上进行倾斜，进一步加大对科技人才和技能人才的激励力度，充分肯定高质量人才对企业发展的贡献和付出，在企业内树立人才标杆，营造“靠素质立身、凭实绩进步”的用人氛围。同时，公司逐步完善各序列员工的薪酬分配方式，加大薪酬的激励作用，如营销人员按照回款后的毛利额合理确定薪酬总额，充分发挥薪酬的导向作用。

过竞争上岗的有 187 家子公司选用的经营管理人员 593 人。同时，集团出台管理制度，提供签约模板，考核指标包括经济效益类、经营管理类、风险合规类、重点任务类等，其中经营业绩指标占比不低于 75%。集团全年因考核末等调整、不胜任退出干部 229 人，分别占集团干部总数的 11.4% 和 4.4%。保利集团不拘一格选拔优秀人才，破除论资排辈和隐性台阶。近年来，保利集团党委管理的干部跨板块、跨层级、跨区域交流 53 人次，4 家重组企业领导班子调整率达 70% 以上，集团总部干部调整率达 90%，有力促进了企业管理融合和改革发展。

七、案例：中国商飞激励约束机制改革试点

中国商用飞机有限责任公司（以下简称“中国商飞”）2008 年 5 月成立于上海，主要从事民用飞机及相关产品的科研、生产、试验试飞，以及民用飞机的销售与服务等，是实施国家大型飞机重大专项中大型客机项目的主体，也是统筹干线飞机和支线飞机发展、实现我国民用飞机产业化的主要载体。随着公司发展进入全面经营期，公司对各类人才的要求与日俱增，但在人才激励策略、方式和效果方面依然存在一定的问题，例如，工资总额核定方式不适应公司发展要求；个人收入与绩效考核关联度较低，激励效果不明显；中长期激励未落地，对核心骨干人才利益捆绑效应不强，激励不足；岗位价值不明确，考核激励的方向性不强；职业发展路径不清晰，人岗匹配标准不明确；各序列转换规则不完善；员工个人表现与组织绩效关联度较低；考核结果区分度不足，强制分布无法落地；沟通机制不健全，绩效辅导作用发挥不明显，等等。对此，中国商飞公司积极对标波音、空客等同行业先进企业的管理实践，推行激励

约束机制改革，形成激励合力，提高员工工作积极性和创造性。具体做法如下。

1. 确立激励策略。根据不同层次、不同序列人才的特点和激励需求，为进一步提升激励力度和精准性，分别针对青年人才、成熟骨干、拔尖人才，以及管理、项目、技术、技能序列人才，明确相应的激励策略。一是针对不同层次人才特点，形成以下激励策略：对青年员工，突出福利激励，着重落实“五件实事”，重点解决住房、落户、子女教育难题。对成熟骨干，突出岗位激励，采用重点培养、提供培训机会、优先晋级、荣誉表彰等激励方式。对拔尖人才，突出荣誉激励和中长期激励，并辅以相应的物质激励。二是针对不同序列人才特点，形成以下激励策略：对管理序列人才，主要是为积极支援项目一线战场的人员发放“战场支援奖励”（项目职能绩效）；对项目序列及从事项目的技术人才，主要是为参与项目的人员发放“工时奖励”（项目绩效）；为在项目研制、试验试飞、运行保障等工作中勇立战功的人员发放“战功奖励”（项目专项奖）；为参加高寒、高温、高湿、高原等特殊气象或恶劣环境条件下的人员发放“战场津贴”（特殊试验条件补助）。对从事专业能力的技术人才，主要是为在设计研发中承担“赋能、检查、改进”等工作且表现优异的设计流程组成员发放“流程奖励”（设计流程组奖励）；为项目、攻关、生产、运行提供积极支援的人员发放“战场奖励”（专业能力绩效）。对从事攻关和预研的技术人才，主要是通过“揭榜挂帅”机制，在原有薪酬水平的基础上，根据在攻关任务中的贡献价值，综合采用荣誉、岗位、物质相结合的激励方式进行奖励。对技能序列人才，主要是为参与项目团队的技能人员发放“工时奖励”（项目绩效）；为S7级及以上技能人员发放“工匠津贴”；对在飞机装配、工艺革新等制造工序中表现出色的技能人员，加大培养力度、优先晋级、破格提拔。

2. 推行经理层成员任期制和契约化管理。按照“统一要求、统一管理、统筹推进”的工作部署，制定工作方案，编制《操作指引》和协议书模板；召开专题推进会，组织指导各单位推进任期制和契约化管理。一是明确3年任期，到期重聘，未续聘、自然免职（解聘）；强化刚性退出，明确70分/70%业绩底线，实行“三达标”考核机制（绩效考核、经营业绩考核、综合考核测评达标）。二是科学制定年度和任期契约目标；区分不同类型单位，实施“一企一策”“一人一本”差异化考核；注重年度和任期目标的有机衔接。三是明确任期激励比例；增加个人经营业绩考核，明确与组织绩效考核关系，刚性兑现薪酬。

3. 基于部门分类开展岗位价值评估。公司统一组织比选确定外部咨询机构进行合作，借助外部专业力量开展岗位价值评估。各单位组织实施，在外部专业力量的帮助下，按照专业方法进行评估，明确企业内岗位价值相对系数，形成岗位价值矩阵表。评估结果作为员工绩效工资兑现、职业发展及岗位资质管理的重要依据。

4. 优化薪酬结构。通过普调工资、优化固浮比及完善津贴设置，实现员工收入能增能减。一是实行工资普调。以全口径工资（基本工资+绩效工资）为基数进行工资普调，按照各单位薪酬水平、市场化及属地化管理等情况确定差异化涨幅。二是优化薪酬固浮比。修订《公司员工薪酬福利管理办法》，通过逐年增量累加的方式，分序列、分岗位实现“6∶4—5∶5”的固浮比目标。严格依据考核结果兑现绩效工资，打破“假浮动”，以后工资总额等增量部分全额纳入绩效或奖励。三是完善部分津贴奖励设置。为勇立战功的人员发放“战功奖励”（项目专项奖），为支援一线战场的管理人员发放“战场支援奖励”（项目职能绩效），分别落实到相关管理制度中执行。

5. 建立员工绩效与组织绩效强关联。根据公司“绩效硬约束、激励强挂钩”的绩效考核理念，量化绩效考核指标，突出工时导向。按照“责任层层落实、压力层层传递、激励层层连接”原则，实现组织绩效量化分解到部门，部门层层落实到人。形成“工作业绩=公司目标实现”的“堆积效应”。员工个人 KPI 根据岗位不同，由业务上级综合差异化、个性化制定，侧重结果考核，包含任务绩效指标和专项绩效指标。任务绩效指标是指对员工岗位职责和工作计划进行考核的指标；专项绩效指标是指对员工在特殊阶段需要完成的专项工作或承担公司特别关注的专项工作进行考核的指标。绩效考核指标对员工的行为具有导向作用，因此通过设定与企业的目标一致的考核指标，就可以将员工的行为引导到企业的目标上来。

6. 推行绩效工资包机制。修订《公司工资总额管理办法》。各单位围绕二级部门组织绩效考核结果、部门编制、人员结构、现有绩效水平等因素，设定科学合理的部门绩效工资包核算机制，形成绩效工资包实施方案并全面推行，探索实现部门业绩与单位业绩强挂钩、部门绩效与部门业绩强挂钩的“双挂钩”目标，形成“增人不增资、减人不减资”的工作机制。

7. 规范激励约束管理方式。各单位根据公司激励约束矩阵，综合搭配运用好各项激励约束工具，落实好各项具体的激励约束措施。聚焦型号任务、坚持结果导向，激励资源向型号研制与科研攻关一线倾斜。

8. 推行中长期激励计划。制定《公司中长期激励计划实施方案》。本方案面向公司1000人左右的核心骨干人才，以工资总额和企业年金贡献缴费为主要资金，围绕年度考核结果、贡献价值、司龄等因素设定分配系数，在达到一定期限、满足一定条件后“解锁”兑现，将核心人才利益与公司发展紧密捆绑，实现“递延+递增”的中长期激励目标。同时，公司研究科技创新激励保障机制，鼓励各单位实施科技型企业股权分红激励、科技成果转化收益风向以及超额利润分享等中长期激励政策，建立中长期激励体系，形成可持续的长期激励效果。

9. 推进考核结果“361”强制分布。修订《公司员工绩效管理办法》。考核A档（优秀）比例为30%，考核B档（称职）比例为60%，考核C档（基本称职）和D档（不称职）比例为10%。对于实行考核结果“361”强制分布的单位，可适当提升优秀比例或给予一定额度的绩效奖励。同时加强考核结果应用，对于考核“A档”人员，予以相应激励；对于考核“C/D档”人员，根据不同情况采取调岗、再培训、评奖评优限制、晋升限制、降薪等方式进行约束，实现员工能进能出的动态管理机制。

10. 健全技术和技能人才发展机制。细化技术人才发展机制方案，优化和拓宽技术人才发展路径，有序开展技术序列人员职级晋升工作，增强技术人才发展活力。推行“中国特色企业新型学徒制”，加快民机制造技能人才培养。组织所属单位发挥培养主体作用，面向技能岗位新招用和转岗等人员，推行培养和评价“双结合”、企业实训和院校培训“双基地”“双导师”培养模式，积极争取相关职业培训补贴（学徒每人每年补贴5000元），并为S7级及以上技能人员发放2000元/月的“工匠津贴”，全力为公司型号研制提供人才保障和技能支撑。

【案例点评】激励要有利于科技和创新

国企是科技创新的主力军，激励机制要有利于科技创新和市场化经营机制的健全，完善技术与营销人员“能高能低”的分配办法。国家要求，国有企业要实行适合企业专业技术人员特点的激励和分配制度。对企业专业技术人员实行按岗位定酬、按任务定酬、按业绩（科技成果）定酬的分配办法。对有贡献的专业技术人员可实行项目成果奖励，以及技术创新和新产品商品化的新增净利润提成，技术转让以及与技术转让有关的技术开发、技术服务、技术咨询所得净收入提成。企业可以实行关键技术折价入股和股份奖励、股份（股票）期权等分配办法和激励形式。企业可采取特殊的工资福利措施，引进和稳定少数关键专业技术人才。对贡献突出的专业技术人才实行重奖，其奖励可在企业技术开发费中据实列支。

第五节　让“收入能高能低”由业绩决定

习近平总书记在全国国有企业党的建设工作会议上强调，要按市场规律对经理层成员进行管理，立下军令状，明确责任制，干得好就激励，干不好就调整。火车跑得快，全靠车头带。推动改革走深走实，需要管理层以身作则，带好头，起好步。

任期激励首次高规格地提出，是2014年8月29日经中共中央政治局审议通过的《中央管理企业负责人薪酬制度改革方案》。方案提出中央管理企业负责人的薪酬由基本年薪、绩效年薪、任期激励收入三部分构成。基本年薪是中央管理企业负责人的年度基本收入，根据上年度中央企业在岗职工年平均工资的一定倍数确定。增加任期激励收入的目的是引导企业负责人更加重视企业长远发展，防止经营管理中的短期行为。任期激励收入与中央管理企业负责人任期考核评价结果相联系，根据任期考核评价结果的不同等次确定。年度或任期考核评价不合格的，不得领取绩效年薪和任期激励收入。薪酬结构的优化是重大制度创新，势必对中央企业负责人产生更好的激励和约束作用。国务院国资委 2016 年的《中央企业负责人经营业绩考核办法》中规定："利润总额目标值与工资总额预算挂钩""年度经营业绩考核和任期经营业绩考核等级分为 A、B、C、D 四个级别""连续两年年度经营业绩考核结果为 D 级或任期经营业绩考核结果为 D 级的企业，且无重大客观原因的，对企业负责人予以调整"，且经济增加值（也称经济利润）的指标目标值设置出现在考核办法中。

量化考核是指通过具体的数字和指标来评估员工和公司的绩效表现，从而实现科学、客观、公正的衡量和评价。做好公司量化考核，对企业的发展与管理具有非常重要的作用。做好公司量化考核，一是可以更加客观地评估员工的绩效。在传统的绩效考核中，往往会存在主管或领导者主观评价过高或者过低的情况，导致员工绩效评价不够客观和公正。而量化考核则是通过一系列明确的指标和数据来评估员工的绩效，避免了主观因素的干扰，使评价更加客观和科学。员工们也会更加清晰地了解自己的工作表现，从而更好地激励自己不断提升。二是可以更好地促进员工和公司整体绩效的提升。通过制定明确的绩效指标和目标，员工们可以清晰地了解自己的工作任务和目标，更好地调整和优化自己的工作方式和方法；而公司管理者们也可以更好地监控和评估员工的绩效表现，及时发现问题和提出改进方案。通过量化考核，并落实绩效考核结果刚性运用，公司可以更好地激发员工的工作动力和潜力，提高整体绩效表现，进而实现公司的长期发展和成功。三是对于企业的发展和管理具有非常重要的作用。通过量化考核可以更加客观、科学地评估员工的绩效，促进员工和公司整体绩效的提升，激励员工发挥自身优势和特长，保证公司的稳定和发展。企业管理者们应该重视量化考核，建立科学、公正、有效的绩效评价体系，为企业的发展和成功提供有力支撑。

一、案例：中国建筑“双达标”

中国建筑集团有限公司着力加强和优化了二级、三级企业领导班子成员考核强制排序机制，强化考核结果运用，强调“双达标”，任一项为不称职，或者连续两年考核排名靠后或“基本称职”的，终止任期，免去现职。对“考核偏低”人员进行提醒谈话，连续“考核偏低”或“基本称职”的，进行岗位调整或退出，“不称职”的退出，真正做到“业绩与市场对标，薪酬与业绩跟跑，激励凭贡献说话”。子企业负责人的薪酬主要与利润类核心业绩指标和经营业绩考核结果直接挂钩，1 家子企业因经营业绩不达标，全体领导班子绩效年薪为零。在经营业绩考核和综合评价均实行强制分布的基础上，明确经理层退出的 6 种情形，设置退出“底线”，打破领导干部“铁交椅”。

二、案例：华菱集团战略绩效与市场化激励约束机制

华凌集团是湖南省最大的国有企业。华菱集团下属湘钢、涟钢、衡钢是 1958 年建厂的国有企业。受传统计划经济的影响，国有企业

的薪酬激励多年来一直缺乏有效的灵活性，收入分配的“平均主义”“大锅饭”观念根深蒂固，过度强调“患寡而患不均”“鞭打快牛”，因此各个岗位薪酬差异性不大，“干多干少一个样”，导致员工积极性不能充分调动、企业活力不能有效激发，经营效率低下、优秀员工流失率高、高素质技能人才和经营管理人才引进困难等问题日益突出。为有效发挥绩效的指挥棒作用，充分调整各级员工的积极性、创造性，华菱集团开始了建立科学、合理的绩效体系与市场化的激励约束机制的探索，并取得成功。他们的主要做法如下。

1. 构建战略绩效管理体系。战略管理闭环是指从战略制定、实施、监控、评价、调整等衔接企业多部门的整套战略管理体系，是企业为实现战略目标，制定战略决策，落实战略措施，发挥战略绩效导向、以战略业绩为导向评价经理人的动态管理过程。

战略绩效是将公司战略转化为各级组织的绩效目标与行动计划，对子公司的战略制定、战略执行、重大项目的实施制定评价方案并进行评价，引导公司战略有效落地，为战略周期调整提供依据；通过对子公司盈利能力、核心竞争力、运行质量、资产状况等战略目标的分解，实现商业计划的关键过程与经营结果的绩效评价；通过绩效合同将子公司的组织绩效落实到经理人团队，为经理人的评价提供可量化的业绩评价依据，并通过年度、任期激励的设置，合理体现短期与中长期激励，避免企业行为短期化，促进企业中长期健康发展。

战略绩效管理是把集团公司战略规划转化为经营行动的管理过程，是战略管理的一个重要构成要素，其目的是通过战略闭环管理体系，特别是通过绩效分解战略目标，明确各级组织和员工的任务及绩效目标，并确定其绩效激励、职务晋升等约束机制，以此影响其管理行为，确保公司战略目标的有效实现。

通过战略绩效，各子公司目标来源于集团战略规划，服从于支撑集团战略落地，并通过战略分解协调集团资源配置，使母子公司在战略协同中保持目标一致，通过战略举措实施和与经营能力提升，企业短期财务目标显著改善，长期核心竞争力有效提升。

2. 实施贴近市场化的薪酬体系。薪酬作为价值分配的主要形式，应遵循按劳分配、效率优先、兼顾公平、可持续发展的原则。华菱集团作为湖南省第一大国有企业，为了充分激发各级员工的积极性，建立与战略绩效相匹配的薪酬体系，保持薪酬水平的竞争性，决定薪酬水平在可承受的情况下最大限度贴近市场水平，并进一步打破“大锅饭”“平均主义”，建立向“奋斗者”“绩优者”倾斜的薪酬激励机制，以此吸引、留住优秀人才，为企业战略转型提供坚强的人才保障。首先，明确指导思想和基本原则。为了科学合理地确定薪酬水平、薪酬结构，准确掌握行业薪酬发展态势，确保整体薪酬水平具有较强的外部竞争性，合理确定集团内不同产业的薪酬差异，充分发挥薪酬激励，华菱集团确定了薪酬市场化改革的总目标是建立基于战略规划的行业竞争性激励薪酬体系。其次，确定市场化的薪酬水平 。华菱集团委托专业咨询公司开展薪酬市场化对标，薪酬市场化对标的关键是确定对标样本，华菱集团作为集团型企业，对标样本的确定更是重点。华菱集团按照“三公”的原则（内部公平、外部公平、自身公平）确定相关产业板块的薪酬水平。再次，设置经营难度系数进行内部调节。在华菱集团内部，企业之间规模差异较大，资产较多的子公司有 300 多亿，资产较小的子公司才几亿，同时员工规模、产业专业化程度、产品竞争度等方面差异也很大，为了合理体现核心产业的战略地位，同时也是考虑到不同量级规模企业的经营难度，合理兼顾内部公平性，在薪酬市场对标的基础上，设置内部难度系数对市场化薪酬进行合理调节，建立符合华菱集团实际情况的薪酬体系，使内、外部公平性得到合理的兼顾，避免“按下葫芦浮起瓢”。

三、案例：齐车集团知事识人考核体系

中车齐车集团有限公司（以下简称“齐车集团”）以中车齐齐哈尔交通装备有限公司为主体，联合中车齐齐哈尔车辆有限公司、中车沈阳机车车辆有限公司、中车石家庄车辆有限公司、中车北京二七车辆有限公司、中车山东机车车辆有限公司重组整合，于2018年5月9日挂牌成立，隶属于中国中车股份有限公司（以下简称“中国中车”）。中国中车是国资委选定的首批“创建世界一流示范企业”的央企之一。齐车集团作为中国中车子企业，要建设世界一流企业，在激烈的国际竞争中占据主动，就必须转换思维、找准赛道，坚决走转型升级、创新发展之路。转型需要人才，创新更需要人才。2020年开始，齐车集团在构建干部人才“选、育、管、用”机制体系过程中建立了日常考核、分类考核、近距离考核的知事识人体系，增强干部人才评价考核的针对性、有效性和精准度。主要做法如下。

1. 完善领导干部考核评价管理模式。建立领导班子和领导干部分类分层管理机制，以聘任（任期）协议书、年度目标责任书（简称“两书”）和综合考核评价办法、薪酬管理办法（简称“两办法”）为载体，实施领导干部“两制一契”管理，明确任职形式、任职期限和任期责任，设定绩效目标、考核评价、激励约束、过程监督、续约或退出等管理标准和流程，促进实现领导干部职务“能

上能下”、薪酬“能升能降”。

2. 完善领导干部综合考核评价机制。建立健全与契约化管理方式相匹配、与激励干部担当作为相适应的企业领导班子和领导人员综合考核评价办法，创新和优化考核方式，建立健全差异化的考核指标体系。采用定量考核与定性评价相结合的方式，综合运用述职述廉、绩效评价、多维度测评、个别谈话、调查核实等方法，对企业领导班子和领导人员的政治素质、履职能力、工作实绩、作风建设和廉洁自律等方面情况进行综合考核评价，将考核结果作为领导班子调整和领导人员选拔任用、培养教育、管理监督、激励约束、问责追责和退出的重要依据，着力提升考核评价的数据化、精准化水平。

3. 完善日常考核数据采集机制。建立企业领导班子和领导干部日常考核工作机制，明确干部考核标准、干部日常考核数据采集方式和采集流程，采用“企业领导人员日常述职交流，列席领导班子民主生活会、理论中心组学习、董事会会议等重要会议，与领导人员本人或者知情人谈心谈话、到企业听取干部职工意见，开展调研走访、专题调查，结合党内集中学习教育、纪委日常监督、巡视巡查、工作督查、跟班培训”等方式，进行深入了解，实现日常考核全员化。

【案例点评】发挥考核“指挥棒”作用

考核是引导干部职工奋发有为、促进事业发展的“指挥棒”。企业应当充分发挥考核的激励鞭策作用，实现“收入能高能低”，增强干部职工担当作为的内生动力，从源头上解决“干与不干、干多干少、干好干坏一个样”问题。

第七章　“员工能进能出”的改革实践

近年来，中国社会人口结构发生变化，人口老龄化趋势日渐显现，适龄劳动者供给减少，高等教育大众化背景下蓝领工人也日渐稀缺。同时，现代青年人择业观念与就业行为转变，使得许多行业面临招工难、留人难的被动局面。劳动力市场供求变化倒逼劳动密集型企业须向高端智能化方向转变。除了适龄劳动者减少之外，劳动力市场发生的另一个明显变化是知识水平明显提升。在面对“知识型员工”这个新族群，树立以人为中心的人文理念格外重要。

国有企业对待员工要从经济人向社会人转变，管理要从单纯的制度管理转向人性化管理和员工需求激励，关注重心将会转移到员工赋能激活，让员工在组织中找到工作意义和自我价值实现，提高员工的归属感、获得感、成就感，感受到企业组织的温度与关爱，增强组织对员工的感情黏性，满足员工对组织的社会需求，而不仅是利益需求。同时，要积极构建个人、部门和企业共同目标的联合体，增强员工、团队间的密切联系和同伴的协调合作，释放组织和成员的创造能力、学习能力、创新能力。要尊重市场经济规律，根据贡献合理拉开收入差距，坚持以业绩为导向，薪酬激励向“奋斗者”倾斜，在员工能进能出上求突破，全面推行公开招聘，严格劳动合同管理，合理控制用工总量，畅通员工退出渠道。

第一节　让“员工能进能出”由合同决定

国有企业改制员工身份转换的问题，即通过一定的经济补偿，转换国有企业职工身份，使改制后的企业对员工由无限责任变为有限责任，并建立责权利相统一的新型劳动关系是改制中关系到国有企业员工切身利益的重大问题。如果员工身份转换问题解决不好或处理不当，将影响整个改制工作的平稳顺利推进。

规范劳动合同制度，即企业与职工按照平等自愿、双向选择、协商一致的原则签订劳动合同，依法确定劳动关系。企业职工中不再有全民固定工、集体工、合同工等身份界限，所有职工的权益均依法受到保护。建立健全劳动合同管理制度，完善管理手段，依法做好劳动合同变更、续订、终止、解除等各项工作，对劳动合同实行动态管理，认真履行劳动合同。职工劳动合同期满，企业应根据考核情况和企业生产经营需要，择优与职工续签劳动合同。

在市场经济条件下，国有企业劳动制度改革包括很多内容，它绝不仅仅是一纸合同问题，可以说从招工开始，到岗位就业、岗位变更，再到最后退休，都必须有相应的劳动制度作保障。制度保障的真正意义在于使企业和职工形成“利益共同体”，达到职工受益、企业兴旺的“双赢”效果。

一、案例：上海市改革企业劳动人事制度

1984 年 8 月，上海市开始实施《上海市国营企业实行劳动合同制的暂行规定》，对新职工实行劳动合同制，迈开了劳动制度改革的第一步。随后，在推进改革中结合承包制，进行了以搞活固定工制度为中心的劳动制度改革。到 1988 年 10 月底，在经委、建委、交通和财贸系统的国营企业中，有 500 多家企业、56 万职工（分别占其总数的 23.7% 和 26.8%），实行了改革，取得了明显成效。至此，上海市劳动制度改革连跨了“改革统包统配制，实行合同制，搞活固定工制”三大步。

从长远看，大型国有企业只有彻底抛弃原有的用工体制，变国家用工为企业用工，用工与市场接轨，努力做到“通过市场吸引人才，通过内部变革留住人才，不适应变革者将被淘汰”的企业用工策略。通过市场吸引人才，是变国家用工为企业用工的基础。通过市场吐纳更新人才，使企业在职员工有紧迫感、有责任感，提高员工工作效率和工作质量，使企业人员流动由死水变成活水，流动起来，产生勃勃生机。通过内部变革留住人才，激发员工的积极性、创造性，吸引到企业需要的人才，是变国家用工为企业用工的目的和手段。

二、案例：山东海洋创新用人模式和激励机制

山东海洋集团有限公司（以下简称“山东海洋”）是山东省唯一一家以现代海洋产业为核心的省属企业，拥有远洋运输物流、海洋清洁能源、现代海洋渔业、涉海金融服务等产业领域。党的十八大以来，山东海洋坚持以深化三项制度改革激发内生动力，建立起

了员工能进能出长效机制，创新用人模式、激励机制。一是强化约束机制，加强劳动合同管理。细化劳动合同期限、工作内容、劳动纪律、绩效考核条款，明确员工各个时期使用条件、合同续签标准、岗位不胜任认定标准等，通过合同的签订、继续履行、解除或终止等形式，强化劳动合同、内部规章对员工能进能出的约束和保障。二是搭建内部人力资源市场信息平台，实施“双向交流”，加强多岗位锻炼，开展集团内部双选、职务竞聘、挂职锻炼，开辟管理、技术、技能人才“三个渠道”，拓展员工晋升空间。三是全员薪酬分配差异化。绩效薪酬与集团业绩、个人能力、考核结果挂钩，全员覆盖。集团总部实行“薪酬打包”，跨越职务、职级界限，按表现，对部门“薪酬包”开展二次分配，收入差最高达到17倍。四是集团子企业经理层成员实行任期制和契约化管理。79名经理层成员签订聘任协议和经营业绩责任书，按“异岗异薪”原则确定目标薪酬，刚性考核。还对4户子企业实行职业经理人选聘，实现了市场化选聘、契约化管理、差异化薪酬、市场化退出。2020—2022年，员工市场化退出率3%，员工劳动合同签订率、公开招聘率、全员绩效考核覆盖率保持100%。2021年，山东海洋集团发展创出历史最高水平，在山东省国资委2021年度效能评估21项指标中，有9项完成情况列山东省属企业第一名。

三、案例：齐车集团“8+1”劳动关系管理制度体系

齐车集团改组成立是中国中车深化国企改革、创建世界一流示范企业的重要改革实践。齐车集团核心子企业齐车公司位于黑龙江省齐齐哈尔市，地处老工业基地，多年来，企业劳动关系管理问题突出，经统计，约500人因历史遗留的各种原因长期不在岗，但企

业还承担着相应的工资、社会保险和相关的企业负担费用，形成了显而易见的“出血点”。为此，齐车集团以齐车公司为试点，坚持问题导向和目标导向相结合，着眼处理历史积淀冗员，统筹推进所属各成员子企业深化劳动关系管理工作，建立“8+1”劳动关系管理制度体系，构建市场化劳动用工机制。具体做法如下。

1. 全面盘点历史积淀冗员现状，准确识别问题，对症开方。通过梳理管理制度、流程和职责分工，分析管理断点、流程漏点、缺失环节。在考勤管理、劳动合同管理、工资支付、借用人员管理、工伤待遇和因病停薪管理等方面，共识别出九类29项具体问题。以“规范业务和构建机制”为目标，建立以考勤管理和劳动纪律管理为主的基础支撑机制，规范员工的岗位纪律和时间管理秩序；建立以工资支付管理为主的薪酬导向机制，规范各类岗位状态的差异化待遇；建立以员工奖惩、追责追究为主的考核约束机制，规范员工行为，落实管理责任；建立以劳动督导为主的推进落实机制，突出管理常态化和长效化。形成了基础支撑机制、薪酬导向机制、推进落实机制和考核约束机制“四位一体”的闭环管理模式，环环相扣，层层推进。按照既定对策，制定完成《考勤管理办法》《劳动纪律管理办法》等8个劳动关系管理的办法和《劳动督导工作实施细则》，形成了“8+1”劳动关系管理制度体系，依法规范了员工劳动关系，营建了“能进能出”的劳动用工管理机制，并形成经验材料，在齐车集团所属成员子企业范围内推广实施。

2. 构建以“经营人才、激发活力、驱动价值创造”为主线的目标引领工作机制。确定了劳动关系管理总体目标，即：劳动用工市场化机制逐步健全完善，“能进能出”的市场化用工氛围基本形成，企业劳动用工管理更加规范，以合同管理为核心、以岗位管理为基础的市场化用工制度更加健全，劳动用工结构更加合理，人力资源效能指标逐步改善。围绕既定目标，齐车集团实施“劳动关系 + 人才发展”两手抓，两手硬，在强化劳动关系管理同时，全面深化人才发展体制机制改革，加大人才培养力度，升华劳动关系管理内涵，营造人企互促互进、同步发展的良好环境和氛围。按照齐车集团“战略 + 运营”管控模式，明确两级劳动关系管理职责，健全完善用工总量管控机制，实施用工总量与人均劳效指标双控模式；健全完善员工队伍结构优化机制，合理设计管理、技术、技能操作人才队伍结构性指标，实现各业务板块、产业单元人力资源精干高效配置。

3. 构建问题倒逼工作机制。客观理性地对待企业与员工劳动关系管理问题，并正视和解决现有企业与员工劳动关系管理问题。针对不在岗人员，直面问题，不回避，不推诿，客观理性分析存在问题的主要根源，针对问题的不同类型，有针对性地研究解决措施、方法和路径，实施历史冗员问题一次性清理整顿，明确“依法合规、遵守国家及地方法律法规；强化管理、严格执行企业规章制度；杜绝反弹，建立健康长效约束机制”的工作原则，以成员企业为主体，建立不在岗人员台账，调查已脱离岗位时间和不在岗原因，明确不在岗人员规范方法和时间进度，实施倒计时销号管理，倒逼企业劳动关系管理制度体系落地。例如，针对长期无手续休假、事假、旷工、病假、工伤和保职创业等人员，制定了一整套有针对性的人员规范工作程序、方法、渠道和相关规定，设置复工、转岗、外派借用、因病停薪、保职创业、工伤退出生产岗位、解除合同等 7 个依法合规且符合实际情况的规范渠道，并由不在岗人员台账备案员工主动“对号入座”，同时，引入医疗机构对超过医疗期的病伤人员进行劳动能力鉴定，明确一次性保职创业人员的待遇以及不得复岗规定，明确解除劳动合同人员办理程序，明确复工人员实行试工期管理，并进行上岗前培训等，对符合事假、病假、工伤假等假别期限规定且手续齐全人员可继续请休假，企业核实后办理人事手续，方案保证了在最大范围内用最稳妥方式，彻底解决了历史遗留问题，维护了广大员工利益和企业合法权益。

4. 完成历史冗员清理，有效降低人工成本。通过劳动关系管理体系构建与实施，困扰企业多年的“两不找”“请长假”“失联”等长期不在岗人员得到了有效解决，妥善安置了重病、重症和工伤等职工，并从人文关怀角度在薪酬福利待遇、企业困难补助等方面给予重点倾斜和关注，在重视经营的同时，充分发挥了国有企业的社会责任和担当。其中，所属成员子企业齐车公司累计清理、整顿人员共671人，包括返岗复工187人、解除合同85人、办理保职创业174人、因病停薪（重症、重病）89人、工伤退出生产岗位41人、办理病退、特殊工种退休等74人，年可节约人工成本约1179万元。齐车集团及所属企业两年来，累计市场化退出员工589人，有效降低了企业人工成本。

通过劳动关系管理体系构建与实施，企业劳动关系管理事项明确，责任清晰，流程顺畅，各项凭证管理齐全、规范，考核（奖惩）机制有序运行，管理实效性明显增强，企业劳效水平显著提升。2018—2020年，齐车集团总产值劳产率由74.6万元/人增加到91.5万元/人，增幅为22.46%；增加值劳产率由22.1万元/人增加到26.6万元/人，增幅为20.37%；人工成本利润率由7.13%提升到16.77%，提升了9.64个百分点；人力资本投资回报率由0.99提升到1.13。

四、案例：中粮集团以契约意识为依托，“实现三个有”

中粮集团在贯彻落实中共中央、国务院关于深入实施国企改革三年行动的重大决策部署过程中，以契约意识为依托，“实现三个有”，坚定不移推进员工能进能出。一是实施全员劳动合同制，实现能进能出有机制。中粮集团按照分级管理原则，各单位与全体干部职工签订劳动合同，以法律形式确定劳动关系，打破“铁饭碗”，取消“体制内”和“体制外”的身份标签。实施公开透明、平等竞争、择优选用的市场化招聘制度。改革后，各级子企业公开招聘比例达到98%以上。二是持续精简人员机构，实现能进能出有基础。中粮集团精简总部和各二级单位本部机构，压缩职能人员编制，优化人员配置。集团总部一级职能部门由12个压缩到10个，二级部门由59个压缩到43个，总部人员由610人减少到212人，减幅达65%，各二级公司职能部门人员减幅达40%。其中，中粮贸易按照“品种＋区域”模式理顺矩阵式管理架构，通过业务整合和“去机关化”等方式精简机构，二级单位由42个减至29个。在人员压减过程中，坚持依法合规，以劳动合同为依据，没有发生劳动争议。三是实施员工末位调整制度，实现能进能出有规范。中粮集团建立了人才盘点机制，出台员工能进能出实施办法并在各级子企业全面推行，明确不能胜任工作、违法违纪、患病负伤、到龄退休、辞职等员工退出的5个渠道，细化员工退出的19种情形。其中，中粮资本启动“活水计划”，大力推动人员常态化流动和调整，旗下各级子企业2021年累计退出低绩效人员92人。

五、案例：湖南黄金“全员合同化”淘汰管理使硬招

国企改革三年行动实施以来，湖南黄金集团有限责任公司（以下简称“湖南黄金”）树立鲜明的“凭本事吃饭、用能力竞岗、靠业绩取酬”导向，向三项制度改革发起了全面攻坚，坚持建立市场化经营机制和内部员工优胜劣汰机制，以“三定”为基础、以合同契约管理为根本、以凭本事吃饭为目标，敢于掀翻“大锅饭”、打破“铁饭碗”，推动劳动制度改革。主要做法：一是严格“三定”编制工作。根据“十四五”发展规划和生产经营需要，湖南黄金严格从紧定岗定编定员。修改完善员工聘用管理办法，制定出台五个制度，进一步细化绩效考核和强化奖惩力度，实现员工能进能出。在子公司时代矿机“处僵治困”过程中，制定了内部退养、待岗、协议解除劳动合同等措施，畅通员工退出渠道。二是严厉淘汰制度执行。湖南黄金对违反企业规章制度的员工，坚决解除劳动合同；对岗位职责不达标不合格的员工，坚决转岗待岗；对转岗或转岗培训后依然不能胜任的员工，坚决启动淘汰机制。为此，2020 年共解聘离职 103 人。子公司辰州矿业创新井下用工考核，参照驾驶证 12 分违规扣分考核模式，若年内违反安全、生产等管理制度，12 分考核全部扣完，解除劳动合同。

【案例点评】 确保员工任用和合同终止等有章可循

对于签署劳动合同的双方都是一种约束，同时也是一种保障。加强劳动合同管理，严格开展试用期满和合同期满考核，强化全员绩效考核管理与结果应用，大力推进末等调整和不胜任退出，同时利用内退政策引导无法胜任的员工退出岗位，实现“能进能出”。

第二节　让“员工能进能出”由职责决定

定岗定编是国有企业人力资源管理中的一项基础工作，是促进企业更好地降低人工成本，发挥员工的潜力，提高员工工作效率和工作质量的重要保障。在企业战略目标和组织结构确定之后，随之而来的问题就是定岗定编，之后的员工招聘、培训、绩效考核、薪酬福利体系设计等都需要结合定岗定编的最终结果来应用。

近几年很多国有企业都开展了定岗定编改革工作，但是落地效果不佳，原有的冗员、忙闲不均等问题依然没有得到解决，甚至还带来很多新的问题，影响了部门正常工作的开展。

（一）关于国有企业定岗定编的落地问题

1. 缺少公平的激励考核机制，容易导致定岗定编落地困难。作为国有企业整体管理系统的重要一环，定岗定编的落地需要其他管理制度的配套，特别是公平的激励考核机制。因为编制调整后，部门需要用更少的人数完成原有的工作内容，工作压力和原先相比是上升的。如果缺少公平的考核和激励机制，各部门难免有所抗拒，甚至影响到部门正常工作开展。

2. 缺乏有效的分流机制，影响定岗定编工作的落实。很多国有企业在人员分流上往往难度较大。首先，国有企业的分流打破了人们的固有认知，很多人选择国有企业主要在于国有企业的岗位具有极强的稳定性，即“铁饭碗”，但分流可能导致失业，很多员工对此会产生抵触心理；其次，缺乏相应的配套措施和量化的管理基础，分流措施的实行很难具备说服性；最后，分流可能带来的许多后续隐患，被分流的员工可能会采取举报、恶意宣传等措施，给国有企业带来压力。并且，从一些国有企业管理实践上看，部分职工年龄偏大、技能单一、文化低，自身就业能力弱，也增加了分流难度。

3. 人员能力不胜任的情况下，直接减编会影响工作的正常开展。很多工作之前需要更多人员一起配合，可能是由于人员能力不胜任，工作效率低，如果直接缩编，在人员能力不胜任的时候，反而影响了工作开展。例如，A 部门减编之前承担工作职责的人数为 10 人，虽然可能整体工作效率较低，但可以完成手头工作，减编之后人数为 5 人，虽然人数减少了一半，更加科学，但短期内需要承担之前相等的工作量，如果这些人本身能力不胜任，完成工作便会变得更为困难。

（二）关于国有企业如何科学地定岗定编

1. 实行公平的薪酬考核机制，促进定岗定编落地。很多国有企业开展定岗定编工作落实过程中，常常出现激励考核机制不配套的问题。对此专家老师建议企业可以采用由华恒智信提供的高效的薪酬考核机制建立的方法，促进定岗定编工作落地。例如，在编制调整后，原有的部门在人数减少的情况下需要承担相等的工作量，此时可以暂时保持部门总体分配的薪酬不变，变相增加员工个人薪酬，并且可以根据员工实际的工作量和工作内容进行考核，确保多劳多得。

2. 建立符合企业实际情况的分流机制，妥善安排人员去向。针对很多国有企业面临的人员分流难度大的问题，结合华恒智信长期的咨询经验，可以建立分流机制，妥善安排人员去向。例如，可以通过高效的人才评价方法和人才盘点方法等确定员工个人特质与岗位的实际匹配度，在编制数量一定的前提下保留人岗匹配度高的员工，对于能力不足或人岗匹配度低的员工，可以签订内退协议、提供转岗培训或给予一定的改进期，多次提供帮忙后依然无法胜任的，依法合规地解除劳动合同。

3. 提供人员培训，加强后备梯队建设。国有企业在定岗定编工作落实过程中，常出现人员能力不足的问题，对此专家建议企业应建立能力评价和培养的体系，明确各类岗位的职责要求，对于能力不足的员工，可以进行待岗培训，提升能力水平，加强后备梯队建设，在短期内存在人员能力不胜任的，可以提供改进过渡期，并将过渡期后的定岗定编实施结果与绩效考核机制等挂钩，促进落地。

强化全员劳动生产率指标，通过对标世界一流企业等标杆管理，据实确定本企业劳动用工总量，从而定岗定编，这是国有企业的管理改革中的重要环节，是企业正常运行的重要保障，也是企业进行人力资源配置管理的重要依据。科学合理的定岗定编工作可以有效支持实现部门岗位目标与企业战略目标，提升企业和个人运作运营效率，降低运营成本，防范企业经营风险，提升精细化管理水平。因此，合理地应对国有企业定岗定编工作存在的问题，找到高效的解决方案，对于国有企业进一步提高竞争力和可持续发展能力意义重大。

一、案例：中工国际激发公司内部活力

中国机械工业集团有限公司下属中工国际工程股份有限公司（以下简称“中工国际”），战略愿景是成为具有国际竞争力、科工

构。企业管理推行部门自主，分厂以工段为基本管理单元，实行生产系统区域化管理，各项管理要素分解到工段。职能处室推行部门经理负责制，各项管理要素向经理集中，实行责、权、利相统一。二是为强化部门横向沟通与联系，整合各项管理资源，实现资源共享。通过组织机构整合，推动岗位优化、人员优化，实现工厂定编300人的初期目标，并借助组织机构整合，基本实现成员企业机构统一、流程统一、管理统一。三是打破专业壁垒，整合生产职能部门。2015年，面对行业产能过剩、产能发挥率不足的外部环境变化，在统一机构基础上，为持续深化组织优化工作，西南水泥启动企业双精双优工程，按照“机构精简、人员精干”要求，通过组织优化、人员优化的双路径，单个工厂组织机构通过整合部门，定员缩减25%，缩减冗员成本，提高劳动生产率。

2. 活化用工管理，精干高质高效。西南水泥100多家企业，原共有2.6万人，人工成本包袱重，薪酬水平缺乏竞争力，技术骨干人员流失比较严重。公司以推动组织优化为契机，大力开展岗位、人员优化工作，持续开展减员提质增效计划，做到人员精、素质高、效率高。一是创新岗位用工机制，促使人力资本效用最大化。企业在职能部门推行一岗多能、一岗多责的复合型岗位；在生产单位实行“大班组”运行模式，扩大一线员工工作范围，丰富岗位工作内容，推进组织结构扁平化，提高岗位员工工作饱满度。同时，分别建立多种虚编实责的技术委员会，形成人才共享中心，统一解决企业技术瓶颈问题，充分发挥智力资本效用最大化。对部分辅助岗位、工作饱满度低的岗位进行劳务外包，对有效工作不长、工作弹性大的岗位实行岗位工作承包制，减少冗员配置，降低用工成本。二是实施技术升级改造，提升企业智能化水平。通过加强与科研院所、设备厂家的技术合作，借助成熟的信息通信技术，公司对工厂生产装备技术进行升级改造。通过无人值守、一卡通系统、自动包装、机器人装卸等新技术的运用，进一步提高生产自动化水平和智能生产水平，逐步实现部分岗位无人值守、无人操作，减轻岗位工作量和劳动强度，通过智能改造减少约3%—5%的岗位用工。三是完善退出机制，保障员工权利权益。通过岗位竞聘下来的员工，提供五种出路：通过技能培训予以转岗，给员工内部二次择业的机会；充分利用公司规模优势，促进企业间人员有序流动，解决企业间人员合理匹配；对不适应公司要求，具有社会就业能力的员工，通过协商解除，鼓励其走出企业、走向社会再就业；对不能胜任岗位要求，又不具备社会就业能力，通过清理收回外包辅助岗位，给予富余员工一次从事辅助岗机会；通过特繁退休、提前内退等政策，对技能低、体力差的员工提前离岗安排，并提供一定的生活保障。

3. 考核与激励并举，点燃员工热情。西南水泥全面引入员工绩效管理理念，以“指标量化考核＋行为定性考核”相结合，自上而下建立全员绩效考核体系，实行多层次、多维度、多元化的薪酬激励机制，打破按身份、按资历的僵化薪酬分配模式，突出按业绩、按贡献、按能力进行分配，促使干部职工转变观念，强化工作绩效导向，树立靠个人努力挣工资的意识，并与企业共享经营发展成果。一是实施薪酬总额管控，下放薪酬考核分配权。推行企业工资总额预算考核模式，调低控高、效益优先、兼顾公平。按照定编人数、人均薪资水平核定企业工资预算总额，建立薪酬预算评审机制，实行企业工资总额预算考核计提包干的管理模式，确保工资总额受控、人工成本受控、员工收入稳定增长。同时，工资总额与利润、成本、劳动生产率等指标进行挂钩计提考核，做到“业绩涨薪酬涨、业绩降薪酬降”，下放企业薪酬考核自主分配权，做到“管事、管人、管分配”三权相统一，进一步激发基层企业的管理活力。二是实施全员绩效考核机制，强化目标绩效管理。公司各级企业围绕年度经营目标任务，层层分解到部门、岗位责任考核指标，并将制度要求、行为要求细化量化成具体考核标准，形成“人人有指标、事事有考核”的全员绩效考核体系。同时，工厂企业建立月度绩效考核会议制度，形成“目标、执行、反馈、改善”的绩效考核反馈体系，达到以考核促进管理、以考核提高执行力的管理目标。员工工作绩效表现与其月度工资收入挂钩，增强员工工作主动性，提高工作效率。三是引入宽带薪酬机制，突出同岗同级不同酬分配理念。公司建立员工职级宽带薪酬体系，解决了传统职级工资制等级多、级差小、工资缺乏激励性的问题。通过海氏工作评估法对企业各类岗位价值进行科学评估与分类，遵循“激励性、公平性、竞争性、经济性”，对每类职级岗位设定薪酬宽带区间，提高薪酬动态考核比例。企业中层以上人员实行年薪制，统一年薪标准和薪酬结构；岗位员工实行统一的薪酬结构和薪酬等级序列，薪酬标准实行差异化，与企业当地劳动力市场水平相匹配。同时，为突破传统同岗同酬的分配理念，引入个人履职能力评价系数，实行同岗同标准不同薪酬待遇。通过岗位履职能力系数考评合理拉开同岗位员工的收入差距，岗位价值、个人履职能力、工作业绩纳入员工薪酬分配要素，打破大锅饭、平均主义分配思想，鼓励员工通过技能提升、绩效改善来提高工资待遇。

三、案例：中海油服灵活多元的用工管理模式

中海油服是中国近海市场最具规模的综合型油田服务供应商，服

务贯穿海上石油及天然气勘探、开发及生产的各个阶段。2014 年下半年以来的油价下跌重塑了全球能源市场版图，油服行业面临极为艰巨的挑战。在全球石油寒冬的影响下，2016 年中海油服工作量及服务价格均跌至期间最低点。伴随着收入下滑和资产减值，公司自上市以来首次出现亏损。在严峻的行业挑战和公司生存危机面前，公司深刻地认识到“变革已迫在眉睫”。公司调整发展战略，优化组织结构；聚焦主业，完善分配激励制度；通过“三项制度”改革，持续深化调整用工结构，干部选拔突出国际化，聚焦年轻化，分类分级建立工资总额内部分配机制，试水科研项目经理责任制及中长期股权激励等举措，重塑价值观，践行公司发展战略。具体做法如下。

1. 优化人员结构，推进制度体系现代化。为适应公司全球化发展需要，提升系统管理质量和效率，构建全球适用的管理体系，制定《全球综合管理体系》，进一步推进制度体系现代化；公司推进人力资源改革，事业部两级部门优化，编制优化调减约 35%，编制资源向一线及海外倾斜，深层次调整干部队伍结构，对接好集团“双向挂（任）职”制度，完善全球人力资源管理组织网络，全面完成海外人力资源体系建设，完成能力保证信息化系统开发应用，运营重心和管理资源全面向一线和海外倾斜。

2. 以“控总量、提效率”为目标，构建灵活多元、精干高效、能进能出的用工管理模式，稳步推进人力结构变革。一是主营业务核心岗位用工以高校毕业生、成品人才引进为主，阶段性和操作岗位用工以项目化用工为主。二是推进国内生产一线用工向“直接用工 + 社会化用工”调整转变，进一步调增弹性用工比例，增强人力资源与公司经营的协调性。2018 年以来新增 4 家技术服务承包商，弹性用工增长 6269 人，比例由 37.4% 提升至 53.5%。三是大力推进后勤服务类和一线操作类社会化成熟业务外包，平台结构防腐、物探船收放缆等业务部分外包，17 艘平台 450 余个配餐岗位业务整体外包。四是推进海外用工本地化，充分发挥海外区域人力资源中心作用，根据海外项目用工效益特点、项目周期和作业量，持续加大本地招聘力度。2018 年以来，中海油服海外本地招聘用工增长 1342 人，本地招聘率提升 6%。五是优化各级机构设置、压减两级机关机构编制，总部推进大部制改革，总部部门由 14 个减为 9 个，编制由 247 个减少到 191 个，在职人数由 232 人减少到 176 人；六家主营单位机关机构优化调整，平均压减幅度达 30%，编制由 1586 个减少至 1096 个。六是妥善安置离岗人员，分流盘活富余人员，及时清理长时间不在岗人员，清退陆地业务外包用工 150 余人。

通过改革，中海油服全员劳动生产率明显提升，到 2020 年末，近四年用工结构调整创造的直接利润约为 16. 1 亿元。

【案例点评】 优化岗位和人力资源配置

国有企业要完善各类人员岗位管理体系，一方面要推进岗位结构和人员编制的优化工作，科学核定岗位设置，优化组织机构，进一步降低人工成本，提高劳动效率；另一方面，要通过组织架构的变革，精简管理层级，提高生产和工作效率。

第三节　让“员工能进能出”由岗位决定

岗位管理作为人力资源管理的中心部分，主要是企业内部的以岗位决定人员，以岗位限定员工薪资，对所属岗位的评价，进行该岗位职业技能的培训等工作。岗位管理体系的创建包括开展岗位评价、制定岗位说明书、根据岗位任职要求进行岗位技能的培训，根据岗位需求合理安排人员，逐步提升岗位配置水平等。

推行职工竞争上岗制度。对竞争上岗和在岗职工，进行岗位动态考核，并可依据考核结果建立和完善内部淘汰办法。对不胜任工作的人员及未竞争到岗位的人员，企业应对其进行转岗或转岗培训。不服从转岗分配或经培训仍不能胜任工作的职工，企业可与其依法解除劳动关系，形成能进能出的用工机制。

一、案例：广东国资委打造“不落幕”招聘服务平台

2020 年，广东省国资委在广东省人才市场网设立了广东国企招聘专区，推动全省国有企业各类招聘信息统一在专区平台向社会公开发布，打造一个“不落幕”的招聘服务平台。2020 年省属企业新进员工 3.68 万人中，通过公开招聘的有 3.45 万人，占比 93.75%；2021 年 1—4 月，该比例为 95.16%。

二、案例：冠农股份打通干部流转通道

新疆冠农果茸股份有限公司（以下简称“冠农股份”）由新疆生产建设兵团国有法人单位联合发起设立，是一家集棉花、番茄、制糖等新疆特色农产品深加工、销售、供应链综合服务及“一二三产”融合发展的上交所上市公司。自 2018 年 8 月被国务院国资委列为“双百行动”综合性改革试点企业。

冠农股份在以“三项制度”改革为核心的市场化经营机制建设和激励约束机制建设的重要经验是打通干部流转通道。具体做法：一是优化选人用人制度。冠农股份在明确“战略 + 运营”型集团管

控模式和“直线职能制”管理方式及全面梳理流程的基础上，因事设岗、一岗多能，设置阶段性重点工作临时“专岗”，建立起“按需设岗、动态管理”的用工机制。二是全部实施“竞聘制和选聘制”。冠农股份遴选高素质优秀人才，进一步优化干部和员工队伍结构。员工由改革前的806人精简至695人，精简了13.77%，市场化引进懂管理、懂技术的职业经理人达35.7%，一大批优秀中青年人才走上了中层管理干部岗位。三是实施“职业经理人制度”和“任期制和契约化”管理。其中，5名高管和59名中层管理者全部转为职业经理人，聘任协议作为职业经理人聘任、薪酬激励、职业发展、退出等的主要依据，任期内不能完成业绩的不再续约、刚性退出。四是建立晋升通道。冠农股份建立管理、生产、职能、技术、研发、销售6大类员工职级，真正实现“能者上、平者让、庸者下、劣者汰”。

三、案例：中国化工集团坚持优胜劣汰，完善员工招聘与淘汰机制

中国化学工程集团有限公司（以下简称“中国化工集团”）前身为原国家重工业部1953年成立的重工业设计院和建设公司。2013年以后，中国化工集团的发展陷入了困境。随着国际油价大幅下跌、国内煤化工和环保政策的重大调整，公司长期坚守的化工建筑市场急剧萎缩，生产经营状况持续恶化。2017年以来，中国化工集团扎实推进三项制度改革，开展岗位分析和评价，进一步做好定岗定编工作；完善员工绩效考核机制，坚决破除“高水平的大锅饭”。通过不断激发员工内生动力，提升组织运行效率，实现更高质量发展。具体做法如下。

一是全员公开招聘。为了满足中长期发展战略需要，加快企业转型升级步伐，中国化工集团研究制定《人才引进管理办法》，加大各方面人才市场化选聘力度。除国家政策性安置外，新进员工100%公开招聘，打造“中国化学校园行”校招品牌，近3年累计接收高校毕业生1万余人，社会招聘人员6300余人，有效补充人力资源需求。积极推动海外项目管理人员和劳务用工国际化、属地化招聘，聘用外籍管理人员1430人，劳务用工17000人，加快了向国际化工程公司转变的步伐。持续加大干部市场化选聘力度，所属中化学建投公司、南投公司、城投公司、国化投资公司、中东公司和泛非公司以及列入“双百行动”试点的重机公司等企业中的全部班子成员均通过市场化选聘方式产生。持续加强科技研发人才的市场化选聘工作，采用公开招聘、猎头推荐、以才引才的方式先后从德国巴斯夫、日本三菱化学、中科院引进职业经理人担任研究院副总经理和日本分院院长职务。

二是员工竞聘上岗。中国化工集团总部严格落实“三定”方案，实行“三年一竞聘、起立再就位”。2018年3月，集团公司总部员工全体起立、全员竞聘上岗工作率先启动，面向基层、面向社会公开招聘86人，超过总部员工总数的50%以上，其中基层招聘36人，占总部员工人数的21.7%，社会招聘50人，占总部员工人数的30.1%。在总部机关的带动下，所属企业机关竞聘上岗工作全面推开，到2019年底，两级机关共竞聘上岗3782人，其中内部竞聘上岗2572人，外部公开招聘上岗1210人，落聘850余人，“上岗靠竞争”的机制逐步建立。2021年3月，集团公司总部再次带头开展全员竞聘上岗，新提拔任用中层管理人员10人，竞聘落选免职1人，员工职级晋升20人，降级2人，竞聘落选分流、解聘4人。所属

二、三级企业再一次同步推开，2021 年上半年，已有 12 家所属二级企业完成竞聘工作。

三是打通员工退出通道。针对员工能进不能出的问题，中国化工集团制定内部退出工作岗位人员管理方案，通过强化员工业绩考核，以考核结果为基准，推动工作意愿不强、能力素质不达标的低效员工流动转岗或退出岗位。加强用工入口管理，加大新招聘员工试用期考核力度，对不能适应岗位需要的员工坚决予以辞退。公司牢牢把握新员工试用期考核、固定期劳动合同期满前考核、日常考核等关键节点，对试用期考核不合格、不胜任岗位要求的员工依法解除劳动合同。2018 年开始，集团总部解除劳动合同员工 10 人，所属企业解除劳动合同 1010 人，分别占总部和所属企业在岗职工人数的 6.9% 和 2.3%。同时，通过“骨干带头、企业参股”的方式积极推行核心作业层实体建设，骨干员工与所在企业解除劳动转身份，与其牵头组建的新设企业签订劳动合同。三年后，所属相关企业已选派 188 名骨干牵头组建了 29 个核心作业层实体，带动形成 8000 人规模的核心劳务力量。

【案例点评】 让岗位选人

在员工能进能出上求突破，全面推行严格的公开招聘，重点延揽、引进企业急需的关键核心技术人才，激发企业发展活力。

第四节　让“员工能进能出”由指标决定

我国国有企业改革脱胎于计划经济体制，是从中央放权企业开始协调党、政府和企业的权责利关系开始的，促进着资本关系、劳资关系的适应性变革，资本关系、劳资关系的反向作用力则相对不突出。而新时代下，资本关系和劳资关系的突破性改革将积极反作用于党政企关系良性健康发展，其作用力呈现出显著增强趋势，三者的交互作用，是新时代国有企业改革的内在逻辑，共同推动国有企业改革生态体系规范化、完善化、系统化发展。

一、案例：山东重工考核制度

山东重工持续完善全员绩效考核制度，SABCD 考评结果比例强制分布，将考评结果与岗位调整、教育培训等挂钩。2020 年，集团各公司根据业绩考核、工作态度、个人能力等综合表现情况，依法协商解除劳动合同 180 余人。

【案例点评】市场不相信“平均主义”

国有企业工人队伍的“身份制”和“单位制”逐渐解体，随着改革的深入，为更好地调动员工劳动积极性，构建符合市场规律的企业同员工利益共同体，让员工主人翁地位从奋斗中实现，克服国有企业传统弊端，力求打破平均主义“大锅饭”，实现收入能增能减、岗位能上能下、员工能进能出的体制机制。

二、案例：东航物流劳资关系调整

东航物流启动员工持股，且员工持股份额达到10%，超过以往较多国企采用的5%、6%的比例，是一次突破性的、具有标杆意义的尝试。企业员工总数8000多人，此次持股方案覆盖到125名核心员工，占比约为1.57%，此次员工持股的锁定期为36个月，锁定期间禁止转让或出售，方案整体较为符合相关政策的规定。该方案下，部分管理层需要拿出上千万进行投资，并且短期内无法转让，这意味着，本次员工持股，不仅是一种激励机制，也是一种约束机制，强调激发员工的当家做主的主动性与责任感，真正塑造起企业与员工的利益共同体。

在员工持股组织形式的选择上，考虑到员工股东人数较多，远超过《公司法》所规定的有限责任公司股东数量50人的上限，东航物流排除了自然人直接持股的方案，而是采取机构平台间接持股的组织形式，并选择组织形式较为灵活的有限合伙制持股平台，便于对员工股份进行动态管理。东航物流核心管理层担任有限合伙企业唯一普通合伙人，促进东航物流上下政策统一。可以看出，本次方案对员工组织的建设和管理没有突出强调，而是简化为管理层负责。

混合所有制改革后，东航物流完全以市场机制进行人员管理，对人员选聘、薪酬分配、考核机制进行全方位改革。东航物流通过与全体员工解除原有合同，再重新签订市场化劳动合同，使得员工以市场化竞争方式重新入场，转变旧国企职工身份。

【案例点评】 构建企业和员工利益共同体

混合所有制改革除引入多元资本外，还强调引入员工持股，将员工引入新的治理体制框架内，以劳动指标对标为主要抓手，严控用工总量，优化用工结构，是调节劳资关系、构建企业和员工利益共同体的有力抓手。

第五节　让“员工能进能出”由自己决定

2003年开始，国家鼓励国有大中型企业主辅分离，辅业改制，分流安置本企业富余人员兴办的经济实体，配套有享受3年内免征企业所得税的优惠政策。鼓励有条件的国有大中型企业在进行结构调整、重组改制和主辅分离中，理顺分流安置富余人员的劳动关系。对分流安置到非国有企业中的富余人员，原主体企业要依法与其解除劳动合同，并支付相应的经济补偿金。对于继续保持国有控股性质的改制企业，分流安置的富余人员也要与原主体企业变更劳动关系。改制企业可用国有资产支付解除职工劳动关系的经济补偿金，由此造成的账面国有资产减少，按程序报批后减冲国有资本。

2015年12月，中共中央总书记习近平在中央经济工作会议上提出供给侧结构性改革的重大决策，明确当前和今后一段时间的主要任务是推进“三去一降一补”，“要加大供给侧结构性改革力度，重点是促进产能过剩有效化解”。2016年1月，习近平总书记在河北调研时强调：“去产能如同逆水行舟，不进则退。”2016年1月22日，国务院召开会议，确定了进一步化解钢铁煤炭行业过剩产能的措施，并出台配套支持政策，标志着“行业去产能”进入实际操作阶段。畅通员工市场化流动和退出渠道，有序推进员工转型发展，实现员工合理流动。2016年春，各大钢铁企业紧锣密鼓地开始实施去产能改革。冗员负担沉重，是多数钢铁企业面临的突出问题和难点。化解产能过剩最重要和最难的是人员安置问题。

一、案例：攀钢集团万名职工的分流安置

攀钢集团成都钢钒有限公司（以下简称“攀成钢”）曾经是品种规格齐全、生产规模在国内名列前茅的专业无缝钢管生产企业。迫于环保压力和自身经营问题，攀成钢公司积极淘汰落后产能，寻求企业战略调整和转型升级之路。涉及万名职工的分流安置工作井然有序、平稳顺利、成效显著，为其他企业去产能改革积累了经验。

攀成钢的改革过程：2015 年 3 月和 2016 年 10 月，攀成钢先后实施了两次改革，第一次改革，冶炼系统全部关停。第二次改革，无缝钢管产线全面停产。改革前，攀成钢共有在岗职工 12437 人。第一次改革共分流安置 9715 人，其中协商一致解除合同 9336 人，办理内退 379 人。第二次改革共分流安置 2553 人，其中协商一致解除合同 2117 人，办理内退、待岗等 436 人。两次改革后，攀成钢存续业务共有在岗职工 976 人。两次改革共分流安置 12000 多名职工。

分流做法：攀成钢转型升级的主要方向是打造“跨境电商和智慧制造”产业园，成为国家级的老工业基地结构调整、产业转型的成功典范。其钢管业务通过战略合作，实施产能转移。存续业务要转换经营机制，走专业化、社会化、市场化的发展道路。

安置做法：在去产能过程中，企业分流安置员工有多种方式，最常见的是内部退养。一般而言，对距离法定退休年龄 5 年以内、再就业有困难的职工，实行内部退养。由企业发放生活费，并缴纳基本养老和医疗保险费，个人缴费部分由职工继续缴纳，达到退休年龄时正式办理退休手续。

资金筹集：经测算，攀成钢分流安置职工需要十几亿元资金。在国务院国资委等国家相关部门的大力支持下，采取“国家拨付一部分，企业自筹一部分”两条腿走路，合理解决资金问题。

经验总结：攀成钢主要是在改革中创造或实施了一种内部利益平衡机制，使协调一致解除劳动合同的成本与内退成本差别不大，甚至前者高于后者（一次能补15万—20万元）。就分流职工而言，“短痛”优于“长痛”。一是企业工资明显低于社会平均工资。改革前，因为经济效益持续下滑，企业也进行了大幅降薪倒逼改革。二是企业母公司陷入困境（存在生存危机，没得依靠，只能靠自己）。三是所在城市有再就业的空间或新体制（西昌新钢企）。方案的关键是政策操作中要把握利益平衡性（公平性），注重职工的利益平衡和权益保护：如经济补偿金的封顶政策、符合提前退休的职工不允许买断等。

二、案例：山钢股份开辟员工转移安置途径

山东钢铁股份有限公司（简称“山钢股份”）是山钢集团核心子公司，拥有济南钢城、日照沿海两大钢铁精品生产基地。2020年，山钢股份人均产钢落后于行业先进企业，暴露出用工总量大、人工成本高等问题。企业从深化三项制度改革入手，健全用工机制，提升人事效率。在这个过程中，山钢股份坚持不让一名员工下岗，不把一名员工推向社会，积极开辟员工转移安置途径。一是实施共享用工。依据国家和省里有关共享用工政策，充分利用协力岗位和外委业务资源，在保留劳动关系的前提下，将岗位富余人员派到外部单位工作，实现三方共享共赢的用工模式。二是替代协力用工。对生产、检维修、生活后勤等派遣用工，按照应收尽收、应整尽整原

则，推进业务回归，回归业务岗位以员工进行替代，共替代2366人。

三、案例：中国建筑“3或2”招聘标准

中国建筑在集团及二级总部推行“3或2”的公开招聘标准，即进入总部的员工应具备3年以上基层工作经历或2年以上海外工作经历。员工晋升总部高职级，需具备基层2年以上领导岗位经历，从根本上建立了总部和基层之间的人员交流长效机制，每年交流比例保持在20%左右。

四、案例：广东国资委“总部机关化”专项问题整改

广东省国资委2020年开展省属企业“总部机关化”专项问题整改工作，企业普遍建立健全了总部与所属企业员工常态化交流和轮岗机制，畅通“能下”的渠道，17家省属企业总部及所属企业间全年交流258人，部分企业在总部实施人员全体起立、双向选择重新竞岗。

【案例点评】抓好人员流动的内部机制保障

很多国有企业在员工流动改革过程中，并不是一味地向外推，而是建立了一种“内部人才市场”机制，在客观上可以破除不同地域、不同单位、不同部门间的横向壁垒，让员工能够在系统内按照自主的意愿流动。通过合理流动，实现人岗匹配，实现人力资源有效利用；通过员工双向选择反促企业内部管理提升，提高经营管理水平。同时，以内容“人才交流中心”的运作方式，实现人才“跳槽”式的流动，提升员工队伍活力。

结语

习近平总书记指出："惟改革者进，惟创新者强，惟改革创新者胜。"国有企业三项制度改革是一个不断探索、循序渐进的过程，尤其是改革中涉及职工利益、机制重构和公平原则，难度大，风险高。发展中的问题，要从体制机制上推动解决。深化落实三项制度改革，推动国有企业真正按市场化机制运营，与党和国家一系列深化国企改革的推进方式一样，即试点先行、以点带面，一般是先选取有代表性的地区、行业和企业先行先试，在实践中发现问题、解决问题、总结经验，做到风险可控、步伐不停。

党的二十届三中全会对深化国资国企改革进一步做出了重大部署，深入实施国有企业改革深化提升行动已经步入第二年，持续深入推进三项制度改革的强大势能持续增强。在乘势而上深化体制机制改革过程中，我们要进一步完善中国特色国有企业现代公司治理和市场化运营机制，健全更加精准灵活、规范高效的收入分配机制，激发各级干部员工干事创业的积极性、主动性、创造性，持续提升活力和效率，实现国有企业高质量发展。

参考文献

一、图书著作

1. 邓小平：《邓小平文选》，人民出版社，1995 年版。

2. 佟亚丽：《国有企业人事制度改革与发展》，中国社会科学出版社，2022 年版。

3. 《关于深化国有企业改革的指导意见》编写组：《〈关于深化国有企业改革的指导意见〉学习读本》，中国经济出版社，2016 年版。

4. 《中共中央关于全面深化改革若干重大问题的决定》编写组：《〈中共中央关于全面深化改革若干重大问题的决定〉辅导读本》，人民出版社，2013 年版。

5. 杨德民：《国有企业人力资源问题的本质》，中国财富出版社，2021 年版。

6. 山东省国资委：《改革赋能 常态长效 山东省属企业三项制度改革探索与实践》，山东教育出版社，2023 年版。

7. 《党的二十届三中全会〈决定〉学习辅导百问》编写组：

《党的二十届三中全会〈决定〉学习辅导百问》，党建读物出版社、学习出版社，2024 年版。

8. 中央企业管理提升活动领导小组：《企业人力资源管理辅导手册——中央企业管理提升系列丛书》，北京教育出版社，2012 年版。

二、书刊文摘

1. 于涛：《时代传承走过伟大年代的中国企业家》，《中国企业报》，2011 年 7 月 1 日。

2.《国务院国有资产监督管理委员会公告》，2009 年 10 月 15 日。

3. 佚名：《激发企业活力，调整国有资本布局，优化监管方式 国企改革推向纵深活力大增》，《人民日报》，2020 年 1 月 8 日。

4. 佚名：《国资委：切实形成“能者上、优者奖、庸者下、劣者汰”的工作机制》，《中国证券报》，2021 年 6 月 2 日。

5.《劳动部 国务院生产办 国家体改委人事部 全国总工会关于深化企业劳动人事、工资分配、社会保险制度改革的意见（摘）》，《江西政报》，1992 年 3 月 31 日。

6. 中华人民共和国国务院《关于深化国有企业内部人事、劳动、分配制度改革的意见》，2002 年 3 月 10 日。

7. 苏小冬：《北京市国营大中型企业试点分批“上船”的新探索》，《改革》，1992 年 2 月 15 日。

8. 青岛市劳动局：《青岛市企业三项制度综合配套改革的基本做法》，《中国劳动科学》，1992 年 5 月 15 日。

9. 佚名：《守初心 担使命 不断把国有企业改革向纵深推进》，

《大众日报》，2019 年 7 月 22 日。

10. 刘鸿庚：《对南京市企业三项制度改革试点的思考》，《唯实》，1993 年 5 月 1 日。

11. 王小平：《南京市“三联动”改革的实践和分析》，《经济师》，2010 年 3 月 5 日。

12. 徐怀玉、运乃建、宋蕊：《以“授权制”为核心落实差异化管控的改革实践》，《中国企业改革发展优秀成果 2023（第七届）》上卷，中国商务出版社，2024 年版。

13. 曹志强、易佐、赵建辉、阳向宏、汤建华：《大型钢铁企业战略绩效与市场化激励约束机制建设实践与研究》，《中国企业改革发展优秀成果 2019（第三届）》下卷，中国商务出版社，2019 年版。

14. 刘燕、印志松、蒋中文、范丽婷、李荧琳：《以任期制和契约化为抓手，以高质量改革赋能高质量发展》，《中国企业改革发展优秀成果 2021（第五届）》上卷，中国商务出版社，2021 年版。

15. 佚名：《以国企改革三年行动为突破口 激发南航高质量发展动力活力》，《学习时报》，2022 年 6 月 8 日。

16. 刘福兴、李建华、周乃宁：《中央企业借力“双百行动”深化国企改革的实践与思考——以中化集团及其子企业为例》，《中国企业改革发展优秀成果 2020（第四届）》上卷，中国商务出版社，2020 年 12 月 29 日。

17. 佚名：《建设世界一流大粮商的中国式路径》，《企业观察报》，2023 年 4 月 13 日。

18. 刘燕、印志松、蒋中文、范丽婷、李荧琳：《以任期制和契约化为抓手，以高质量改革赋能高质量发展》，《中国企业改革发展优秀成果 2021（第五届）》上卷，中国商务出版社，2021 年版。

19. 周志亮、赵晓东、张志辉、申春林、杨铭铨：《吃改革饭 走开放路 在轨道交通现代化建设进程中贡献中国通号力量》，《中国企业改革发展优秀成果 2023（第七届）》上卷，中国商务出版社，2024 年版。

20. 佚名：《中国一重：闯出改革奋进新道路》，《国资报告》，2022 年 12 月 1 日。

21. 佚名：《强化正向激励！国企改革实践出真招》，《国资报告》，2021 年第 8 期。

22. 国资小新：《国企改革，重在活力！中央企业深入推进三项制度改革》，《人民日报》，2021 年 6 月 24 日。

23. 刘文涛、曾亮、杨笑寒：《华润（集团）有限公司三项制度改革的实践与思考》，《中国企业改革发展优秀成果（首届）》下卷，中国商务出版社，2017 年版。

24. 刘成明、康裕陆、张永、杜守志、刘菲：《通用技术沈阳机床股份有限公司深化“三项制度”改革探索与实践》，《中国企业改革发展优秀成果 2021（第五届）》上卷，中国商务出版社，2021 年版。

25. 沈大立、宁方明、武洋、江夏颖、陈志：《构建国产商用飞机人才激励约束体系——以中国商飞公司激励约束机制改革试点为例》，《中国企业改革发展优秀成果 2021（第五届）》上卷，中国商务出版社，2021 年版。

26. 刘学民：《深化收入分配制度改革的重大突破》，《人事天地》，2014 年 11 月 1 日。

27. 佚名文：《中央企业负责人经营业绩考核办法》，《交通财会》，2017 年 2 月 5 日。

28. 曹志强、易佐、赵建辉、阳向宏、汤建华：《大型钢铁企业战略绩效与市场化激励约束机制建设实践与研究》，《中国企业改革发展优秀成果2019（第三届）》下卷，中国商务出版社，2019年版。

29. 蓝义玮：《岗位工资和岗位能力工资相结合薪酬体系激励作用的探索》，《广西电业》，2021年4月。

30. 刘红生、张忠、寇祖兴、张宝志、尹志强：《轨道交通装备制造企业“高素质专业化”干部人才队伍建设实践》，《中国企业改革发展优秀成果2023（第七届）》上卷，中国商务出版社，2024年版。

31. 李宏阁、刘红生、张忠、张宝志、吴金保：《国有企业“8+1”劳动关系管理体系的创建与实施》，《中国企业改革发展优秀成果2020（第四届）》下卷，中国商务出版社，2020年版。

32. 姚钦、郑惠荣、白彦、龚雷海、薄克刚：《大型水泥集团基于组织再造的人力资源管理整合优化的实践与展望》，《中国企业改革发展优秀成果2018（第二届）》下卷，中国商务出版社，2018年版。

33. 齐美胜、黄微、吴艳艳、赵璧、王冬石：《深化国企改革、匹配战略使命，以“7S”模型赋能公司改革和高质量发展》，《中国企业改革发展优秀成果2020（第四届）》下卷，中国商务出版社，2020年版。

34. 戴和根、刘德辉、赵庆贺：《深化三项制度改革，实现更高质量发展》，《中国企业改革发展优秀成果2021（第五届）》下卷，中国商务出版社，2020年版。

35. 冯晓艳硕士论文：《国有企业混合所有制改革的历史进程与实现路径》。

三、网上文章

1.《〈关于全面深化市属国资国企改革的意见〉解读》，来源：北京市人民政府网站，链接：https：//www. beijing. gov. cn/zhengce/zcjd/201905/t20190523_ 77388. html.

2.《习近平总书记与辽宁的故事》，新华社稿，链接：https：//baijiahao. baidu. com/s？ id = 1741403228459802231&wfr = spider&for = pc.

3.《浙江省国资国企改革发展情况新闻发布会》，链接：https：//www. xianjichina. com/news/details_ 94846. html.

4.《深圳国有企业三项制度改革成效显著》，国务院国资委网址转发深圳国资委，2008 年 4 月 28 日，链接：http：//www. sasac. gov. cn/n2588025/n2588129/c2737525/content. html.

5.《中山市国企改革三年行动成果新闻发布会图文实录》，中山网，2023 年 4 月 12 日。

6.《国家管网集团：着力优化组织架构持续完善治理模式实践探索省公司扁平化管理跃迁之路》，国务院国有资产监督管理委员会官网，2024 年 3 月 25 日，链接：http：//www. sasac. gov. cn/n4470048/n29955503/n30329277/n30329358/c30397236/content. html.

7.《银川国企经营管理者去行政化》，2016 年 9 月 1 日，链接：https：//nxqyfw. cn/a20160901023. html.

8.《中化集团：深化三项制度改革落地 激发员工价值创造能力》，国务院国资委官网，2021 年 8 月 11 日，链接：http：//www. sasac. gov. cn/n2588025/n2588124/c20154014/content. html.

9.《保利集团：聚焦“三能”机制 深化三项制度改革》，链接：http：//www. ciic. com. cn/ciic/zt/812651/815663/830041/index. html.

10. 《规范实施股权激励推动国有企业改革》，国务院国有资产监督管理委员会官网，2006 年 12 月 6 日，链接：http：//www. sasac. gov. cn/gzjg/ qzfq/200612060108. html.

11. 《永新集团：以改革求突破 老企业持续焕发新活力》，国务院国资委官网，2021 年 8 月 24 日，链接：http：//www. sasac. gov. cn/n4470048/n13461446/n15390485/n15769618/c20359487/content. html.

12. 《陕钢集团：以市场化经营机制改革为抓手 助推实现涅槃式新生》，国务院国资委官网，2021 年 8 月 23 日，链接：http：//www. sasac. gov. cn/n2588025/n2588119/c20304638/content. html.

13. 《河南省人力资源和社会保障厅关于进一步做好技能人才薪酬分配工作的通知》，河南省人社厅官网，2022 年 6 月 6 日，链接：https：//rbj. jiyuan. gov. cn/rbj_ zcfg/rbj_ zcwj/t835646. html.

14. 《广西柳工集团：深化三项制度改革 激发高质量发展新活力》，国务院国资委官网，2021 年 8 月 18 日，链接：http：//www. sasac. gov. cn/n2588025/n2588124/c20250683/content. html.

15. 《国企改革样本⑥中粮集团：建机制 强执行 激活力 深化三项制度改革》，国务院国资委官网，2021 年 8 月 10 日，链接：http：//www. sasac. gov. cn/n2588025/n2588124/c20141893/content. html.

16. 《冠农股份：深化“三项制度”改革 激发活力增强动力》，国务院国资委官网，2021 年 8 月 26 日，链接：http：//www. sasac. gov. cn/n2588025/n2588119/c20390674/content. html.